宋 慈

（1186—1249）

福建历史文化名人丛书

福建省社会科学界联合会 编

宋慈

世界法医鼻祖

祝 熹 编著

海峡出版发行集团 THE STRAITS PUBLISHING & DISTRIBUTING GROUP | 福建人民出版社 FUJIAN PEOPLE'S PUBLISHING HOUSE

图书在版编目（CIP）数据

宋慈：世界法医鼻祖/祝熹编著.
--福州：福建人民出版社，2017.2（2020.11重印）
（福建历史文化名人丛书）
ISBN 978-7-211-07501-0

Ⅰ.①宋… Ⅱ.①祝… Ⅲ.①宋慈（1186-1249）
—生平事迹 Ⅳ.①K825.19

中国版本图书馆CIP数据核字(2016)第289803号

宋慈
SONGCI
——世界法医鼻祖

作　　者：祝　熹
责任编辑：何水儿
出版发行：福建人民出版社　　**电　　话：**0591-87533169(发行部)
网　　址：http://www.fjpph.com　　**电子邮箱：**fjpph7211@126.com
地　　址：福州市东水路76号　　**邮　　编：**350001
经　　销：福建新华发行（集团）有限责任公司
印　　刷：福建省金盾彩色印刷有限公司
地　　址：福州市金山浦上工业区D区24幢
开　　本：700毫米×1000毫米　1/16
印　　张：8.5
字　　数：93千字
版　　次：2017年2月第1版　　2020年11月第2次印刷
书　　号：ISBN 978-7-211-07501-0
定　　价：25.00元

本书如有印装质量问题，影响阅读，请直接向承印厂调换。

总 序

李 红

社会科学承载着“认识世界、传承文明、创新理论、咨政育人、服务社会”的重要功能，是人类赖以传承的精神支柱。近年来，福建省各级各部门认真贯彻《福建省社会科学普及条例》，社会科学普及工作扎实开展、稳步推进，通过举办全省社科普及宣传周、建立社科普及基地、开办社科普及讲坛等社科普及咨询平台载体，其制度化、常态化、大众化工作取得了明显成效。

习近平总书记指出，文化是民族生存和发展的重要力量，中华优秀传统文化已经成为中华民族的基因，植根在中国人内心，潜移默化地影响着中国人的思维方式和行为方式。福建文化是中华文化中极富特色的一部分，深度融入了中国文化的进程，展现出突破陈规、积极进取、兼容并包、锐意创新的胸襟和气魄。向大众传播福建优秀的历史文化知识，是福建省社科普及工作的重要内容。以接福建地气、讲福建故事、塑福建形象、续福建文脉的姿态编辑出版的“福建历史文化名人丛书”，既较为全面地展示了福建文化深厚的历史底蕴和丰富的人文精神，也为福建当下的社会文化建设提供了有益的资鉴。“福建历史文化名人丛书”所包含的朱熹、林则徐、严复、陈嘉庚等人物传记，记录了福建文化之于中国历史的影响，同时也以人物史的叙述方式生动地展现出中国人文精神的风骨和传统文化的传承。

今天，我们提倡和弘扬社会主义核心价值观，必须从中华优秀传统文化中汲取丰富营养，否则就会缺乏生命力和影响力。“福建历史文化名人丛书”记录了福建历史文化人物的价值观践行轨迹，重温了这批福建历史文化乃至中国历史文化史上重要人物的生命历程，以浅显晓畅、通俗易懂的叙述方式讲述了中华优秀传统文化传承的当代意义，开辟了社会科学知识进入千家万户的新路子。

“最忆市桥灯火静，巷南巷北读书声。”一套好的社会科学普及丛书，总是能带动起读书的风气。将学习作为一种追求、爱好和健康的生活方式，也是“福建历史文化名人丛书”所期望实现的目标。在文字中领略福建地域文化魅力，在阅读中传承传统文化养分，在感悟中提升人文道德情操，社会科学普及丛书的出版，可谓正当其时。

（作者系福建省人民政府原副省长，福建省政协原副主席）

目　录

前言

宋慈，字惠父，号自牧，建阳童游人。师从朱熹高足吴稚，又受教于黄榦、杨方、蔡渊、蔡沉、李方子等人。开禧元年（1205年），宋慈入太学学习，从学于太学博士真德秀。嘉定十年（1217年），宋慈进士及第，不久，父亲去世，宋慈守丧，未出仕。宝庆三年（1227年），宋慈赴赣州信丰县任主簿，当时的建阳知县刘克庄赋诗送别。此后，宋慈辗转长汀县、邵武军、常州等地任地方长官。淳祐二年（1242年）到淳祐九年的七年时间，宋慈连续四任提刑官，到广东、江西、广西、湖南四路任职，审疑案，破冤案，积累了丰富的检验和断案的经验，并在此期间撰成《洗冤集录》一书。《洗冤集录》是世界上最早的法医学专著。问世后不久，即颁行天下，成为历代官府尸伤检验的蓝本；成书两百年后，又

刑事鉴识学专家李昌钰题写的“宋慈宗师”

陆续传到朝鲜、日本，至近代传入荷、法、德、英、俄等国。《洗冤集录》是世界法医学发展的一块基石，奠定了宋慈在世界法医学史上的鼻祖地位。淳祐九年（1249年），宋慈任广州知州，主管广东经略安抚司公事。他以一州长官的身份参加州学的祭奠孔子的典礼，劳累过度，加上本来就生病，最终积劳成疾，病逝于广州州治。

第一章

从学吴稚，朱子再传

天道固溟漠，世路尤险巇。
吾生本自浮，与物多瑕疵。
此去知何事，死生不可期。
执手笑相别，无为儿女悲。
轻醇壮行色，扶摇动征衣。
断不负所学，此心天所知。

童游宋氏

建阳城的西面，一条溪流从东而来，溪流发源于唐石里（今黄坑镇），汇入建阳的西溪。西溪之上有濯锦南桥。从县治往濯锦南桥过溪，就是三桂里（今水南）。

建阳县坊的东面是童游。县坊和童游隔着一条从武夷山流来的溪水，这条溪叫北溪。溪水之上横着一座童游桥。绍熙二年（1191年），一位老者怀着落寞与忧伤来到童游桥，他找了一间旧屋，洒扫一番，干净整洁后，便住了进去。这个人便是南宋大儒朱熹。后来，朱熹在建阳的考亭建了竹林精舍（即考亭书院），在那里传播理学，直到病逝。

朱熹沿着童游的旧房子走到县坊去，必然要踏上一座廊桥——童游桥。

童游以前不叫童游，而叫“同由”；童游桥也不叫童游桥，而叫“濯锦北桥”。据传，濯锦北桥修建落成那天，人们看到七个采药仙童在飞檐斗拱的廊桥上追逐嬉戏。人们不知仙童从哪里来，也不知他们要到哪里去，只见仙童玩倦了，纵身跳下廊桥，滑翔般地落下，众目睽睽下，在一片惊呼中，他们又飘然飞起来，悠悠地飘落到城北的一座山峰上。从那以后，濯锦北桥就因那一群仙童的嬉戏游玩而被称为童游桥；那座仙童降落的山便称童子山；同由就称童游了。

修建濯锦北桥的是宋翔。童游的宋氏家族是个大家族。唐朝元和七年（812年），宋家的宋仕唐中进士。进士及第后，宋仕唐从浙江建德举家来到建阳。宋仕唐任建阳县丞，他喜爱建阳的优美山川和淳厚风俗。病势危急时，宋仕唐把他的妻子叫到床前说："就在建阳安家立族吧！"宋仕唐病逝后，他的子孙定居建阳成了建阳人。建阳宋家由此发展起来。修建濯锦北桥的宋翔的四世孙是宋巩。淳熙十三年（1186年），宋巩家里添丁，宋巩非常高兴，给儿子取名宋慈。儿子成年了，行冠礼那天，又给儿子取字"惠父"。

师从吴稚

宋慈6岁那年，朱熹来到童游桥头。

由县坊去考亭要过3座桥。先过童游桥，经县坊；再过濯锦南桥，穿过水南街；西行，又过一座瀛洲桥，向西再行一段，便可以到达考亭。

考亭书院建成后的一天，宋巩带着宋慈到了考亭，宋巩要进京赶考，担心儿子宋慈的学业落下，便带宋慈到考亭拜师学习。宋巩给儿子选的老师叫吴稚，字和中。

宋慈要到吴稚的书堂去，得经过竹林精舍。宋巩曾对宋慈说过竹林精舍的朱熹和宋家的渊源。宋家从宋翔之后就败落了，更不幸的是宋家遭遇了一场火灾。烈焰将宋翔的藏书与文字烧了

建阳潭山公园的宋慈亭

个精光。朱熹本就有搜集整理建阳名士的书籍的想法，闻知此事后，惋惜地对门生说：“宋子飞（宋翔）的许多书籍资料丢失，都怪我不够勇敢果断啊，如果当时能派一些人去抄录一份，那些书籍也就不会遗失了。”

朱熹的语气中是深深的伤感与自责。

宋巩将儿子交给吴稚后转身离开，留给宋慈一个深柳小径中的背影。

宋慈在吴稚读书堂的那段光阴是宋王朝建阳文化史上最灿烂的一段时光，是朱熹思想最成熟的时光，也是后世所谓考亭学派最灿烂的时光。

白天，宋慈读《急就章》《太公家教》《千字文》《十七史蒙求》《三字训》《百家姓》……还有五夫胡致堂（胡寅）先生编的《叙千古文》。

《急就章》是西汉元帝时期史游用草书写的一篇文章，全文共1394字，字数不算多，但整篇文章没有一个重复的字，文词古雅深奥，是儿童的启蒙读物。

《太公家教》是治家格言，以四言为主，传达的是“忠孝、仁爱、修身、勤学”的思想。吴稚见宋慈心野了、放纵自己了，就让他读《太公家教》：“路逢尊者，侧立其旁；有问善对，必须审详……”

吴稚给的历史读物是《十七史蒙求》（如今，史书已至“二十五史”），《十七史蒙求》开篇的卷一就是：“宋璟第一，李广无双。燕许手笔，李杜文章。”读《十七史蒙求》，宋慈会涌起一种自豪感，开篇第一个词“宋璟”便是建阳宋氏的祖先。将自己的祖先宋璟摆在史书的第一句，又称他为第一，宋慈怎会不自豪？

宋璟，谥文贞，河北邢台市南和县阎里乡宋台人。宋璟在少年时就博学多才，擅长文学。弱冠中进士，先后任上党尉、凤阁舍人、御史台中丞、吏部侍郎、吏部尚书、刑部尚书等职。唐开元十七年（729年）拜尚书右丞相，授府仪同三司，进爵广平郡开国公。宋璟历经武后、中宗、睿宗、殇帝、玄宗五朝，在任52年。他政绩显赫，名声颇佳。宋巩常常用先祖的光荣来教育宋慈：我们宋家的祖先是大唐王朝的宰相；我们建阳的始祖宋仕唐心怀百姓、仁德爱民；我们的祖先宋咸，在雒田（今建阳崇雒乡）建了一座霄峰精舍，他要实现“继往开来”的文化目标；还有宋翔，是宰相张浚门下的“十知客”之一……宋巩总是以此勉励宋慈要有兼济天下的情怀，要有光耀门楣的使命！

在吴稚的书堂，宋慈还有两位要好的同学，一位叫熊刚大，一位叫祝穆。还有一位老先生常常造访，老先生姓刘名淮，号溪

崇雒乡宋慈纪念园中的宋慈纪念馆

翁，是先生吴稚的好友，也是朱熹的学生。刘淮正在撰写一部建阳的《图经》，也就是县志。

书读累了，宋慈就会穿过柳丛来到考亭溪边。听先生吴稚说，宣和（1119—1125）年间，朱熹跟着他父亲朱松路过建阳，父子二人就站在考亭溪前的这片水域看水看山。

吴稚会带着宋慈到竹林精舍去，宋慈也会一个人跑去。精舍前的对联是“道迷前圣统，朋误远方来”。这对联本是朱熹的门人赵章泉撰的，原来是“教存君子乐，朋自远方来”，朱熹很低调很谦卑，他将联语改了改，改成“道迷前圣统，朋误远方来”。

精舍还有一副联，“爱君希道泰，忧国愿年丰”。听先生吴稚讲，此时，朱老夫子的性理学说被当成伪学，朱老夫子也被朝廷冷落，可是，朱老夫子还爱君忧国、无怨无悔啊。

精舍边的“清邃阁”是朱熹的住处。清邃阁的对联是“佩韦遵考训，晦木谨师传”。精舍西面，朱熹掘了一片方整的池塘，方塘上建了一座“天光云影亭”，又将那首《观书有感》诗刻成碑石，将诗碑放置在天光云影亭里。亭子旁边掘了一口井，井栏上刻着“汲古”两个字。

朱熹以“得天下英才而教之”为乐，这时的考亭更是聚集了四方学子。朱熹在建阳建造书院后，门生大增，著名的弟子都集中在这里了。宋慈去竹林精舍能见到许多先生，听到朱老夫子的许多教诲。宋慈见到了勉斋先生（黄榦）、淡轩先生（杨方）、节斋先生（蔡渊）、仲默先生（蔡沉）、果斋先生（李方子）……后来的岁月里，宋慈一一向这些先生求教问道，执弟子礼，虔心学习。

宋慈的这些先生都是高尚之人，既清修治学，又兼善天下。

勉斋先生黄榦，是朱熹的女婿。淳熙二年（1175年）冬，黄榦到五夫拜朱熹为师，朱熹正好外出，黄榦呆在客邸，客邸没设床铺，黄榦读书累了就蜷在一张榻上休息一会，就这样连衣服都没脱而日夜读书研理两个月。后来，朱熹病危的时候，把所著的书册授给黄榦，对黄榦说："吾道之托在此。"

果斋先生李方子，号"果斋"，朱熹第一次见到他就说："看你的为人，是很少犯错误的，但是宽大也要有规矩，和缓也要果断。"于是，李方子就以"果"来命名自己的书斋。朱熹去世后，李方子为先生朱熹编了一部年谱——《紫阳年谱》。

庆元三年（1197年），宋慈12岁，那年春节才过，正月初七，考亭就发生了一件让人伤感的事。

正月初六的时候，朱熹正在给弟子讲课，有人送进来一份小报，朱熹起身看了一眼，也没多说。课后，门生取过小报一看，原来，朱熹被免官了，还有，蔡元定要被流放道州（今湖南道州）了。初七的时候，蔡元定从建宁府启程前往流放地，他被押解着，沿水路而来，将经过考亭溪。吴稚、刘淮还有朱熹其他门生随着朱熹来到考亭溪边，等候蔡元定。

宋慈、熊刚大和祝穆也跟着先生吴稚来到溪边。

年少的宋慈见证了那场伤感的离别。

竹林精舍不远是瀛洲桥，瀛洲桥边有一座靖安寺。瀛洲桥下的水边是渡口。堤岸上，一大群人静静地立着，朱熹站在最前面，迎着阴晦的冷风，一动不动。朱熹身后，足足有100多位弟子。

考亭溪中，一艘逆行的舟缓缓靠岸，蔡元定下船后默默地看着朱老夫子，然后目光扫过自己的同门。那一晚，他们都喝醉了。一切尽在酒中。

人生浮沉，世道险恶，死生难料，何必哀伤？蔡元定笑了笑，缓缓吟出一首诗：

天道固溟漠，世路尤险巇。
吾生本自浮，与物多瑕疵。
此去知何事，死生不可期。
执手笑相别，无为儿女悲。
轻醇壮行色，扶摇动征衣。
断不负所学，此心天所知。

这既是劝勉同门，也是安慰先生。“断不负所学”，是在逆境中坚持的决心。

蔡元定一走，朱熹的许多门生也都害怕受到“伪学”的牵连离开了考亭。宋慈的老师吴稚也因为“伪学”的高压而消沉了，感觉到了人生的茫然，于是整天喝酒。

那时，考亭的陈家人要建造一座“聚星亭”，想在“聚星亭”建起屏风，在屏风上画出汉朝的一段故事，朱熹让吴稚参与其中。

吴稚从酒中清醒过来。开始寻找那段汉朝的故事。

汉朝末年，荀家与陈家都是大家族，其中，荀淑有八个优秀的儿子，称为“荀家八龙”；陈太丘有两个很优秀的儿子，父子三人合称“陈氏三君”。一天，陈太丘带着两个儿子和年幼的孙子陈群拜访荀淑，“八龙”和“三君”齐聚一起。那是文士凋零的东汉末年，他们两家的集结简直就聚集了中原一半的贤人。那天晚上，洛阳的太史官夜观天象，看到一大堆熠熠生辉的星星，大吃一惊，说是“德星聚”，于是，太史官在写史时就写道：“五百里之内，贤人聚集。”

考亭的陈家想把这一掌故建成亭子宣扬宣扬，但担心“聚星亭”建起来后大家不了解“聚星”的意思，于是决定把两家相聚的故事画在屏风上。

朱熹叫吴稚去研究汉朝的车马、服饰、饮食，然后勾勒出来，提供给画师。

吴稚、宋慈、熊刚大和祝穆有事做了，找尺子，翻古书，画线条……朱熹和陈家人指挥匠人找石块，砌基础，搬木料……整个考亭热闹起来。而宋慈，也学到了许多知识，这是书本上学不到的，而且也感受到了吴稚严密的考证精神。

当聚星亭建起来、屏风画好的时候，大家纷纷赞扬吴稚“博雅”。宋慈心里也笑开了花，为老师而自豪。

几个月后，朱熹去世，那些离开的门生又从四面八方聚过来，他们不再畏惧党禁，不再害怕“伪学”，他们要来送先生一程，最后的一程。

作为一个正在建阳接受书院教育的孩子，宋慈从这些士人身上感受到了一种坚持，感受到了重新振作的可贵，感受到了士大夫的气节与风骨。

宋慈是幸运的，他的童年里，优秀的老师云集，他在群儒会聚的建阳渐渐长大，在考亭学派最光辉的时刻从学。

朱老夫子去世，宋慈的启蒙教育也就基本结束。

第二章

太学生考中了进士

《易经》的“谦卦”有一句“谦谦君子，卑以自牧”，孔颖达注释说：“恒以谦卑，自养其德也。”宋慈以“自牧”为号，是想用谦卑来修养道德，做一个低调的人。

太学，是中国古代的大学。太学之名始于西周，汉代始设于京师。太学主要是培养封建官僚，但在传播文化方面也起了重要作用。

太学学子

嘉泰四年（1204年）冬天，宋慈一脚踏进临安，凛冽的寒风吹向宋慈那刚毅而冷峻的脸庞。这位年轻人的肤色偏黑，眉宇棱角分明，双目炯炯逼人。宋慈进京，是要参加明年春的太学补录。

此时，宋王朝的权臣韩侂胄准备北伐，冬去春来，宋宁宗改元“开禧”。开禧元年（1205年）预示着某种倾向。宋宁宗从太祖的“开宝”和真宗的“天禧”年号中各取出一个字当作自己执政的年号，表示了不忘祖先的志向、立志收复中原的意思。“开禧”年号弥漫的火药味飘散到了金国。金国人意识到这将意味着什么。

也就在开禧元年春，柳绿花红，宋慈顺利通过考试，取得了太学的录取通知书——入学牒文，踌躇满志的宋慈进入南宋王朝最高学府——太学。

太学的考试分两科：诗赋科和经义科。考场不同，宋慈是去礼部贡院参加考试。同学熊刚大也来了，他则是去两浙转运司贡院参加经义科的考试。熊刚大没那么幸运，他落榜了，只得告别宋慈回建阳继续苦读。

熊刚大补录太学不顺利也正常，太学的考试竞争极其激烈。

考试前，宋慈听说上一次补录的考生达3.7万人，可考中的不足千人。太学生总数接近1700人，学生在三个“年级”里学习：外舍、内舍和上舍。

太学生都是百里挑一的才俊，宋慈穿行在太学中，似乎功名不远。

宋王朝也踌躇满志地准备北伐，似乎胜利在望。

激扬的强音即将奏响——宋慈的和宋王朝的。

靖康之役后，宋室南迁，把临安当成行在的时候，还没有太学，便将岳飞故宅改建。由岳飞故宅改建的太学规模宏阔、舍宇壮丽。每一个斋舍，都有一个匾额：服膺、禔身、习是、守约、存心……有十七斋的匾额是米友仁（宋代四大书法家之一的米芾的儿子）的笔迹，另三斋是张孝祥（高宗朝的状元）写的。

斋舍后，有花草亭榭，再后便是射圃。中间区域是办公和教学的地方，有崇化堂、首善阁等。斋舍的西面，是大成殿，大成殿尊奉大成至圣先师孔子，孔门十哲配享；两庑的彩画是七十二贤；前朝的贤士、公卿也都绘像从祀，每年春秋仲月的上丁日都会在这里举行释奠礼；新登大宝的皇帝也会来太学的大成殿祭奠孔子，视察太学。太学生总想早点取得功名离开太学，但很难，从外舍升到内舍再升到上舍的名额越来越少。外舍生1400人，内舍生206人，上舍生30人。每一次升级都让人欢呼雀跃。也有降级，内舍私试连续三次不中，就要从内舍降到外舍，谁都不希望被“降级”。升到上舍的太学生如果累积的考校都是优秀，舍试又能考入优等，就可以成为“释褐状元”。

竞争的激烈让太学生想尽早博得功名而离开。除夕来临，宋慈看到一些太学生在斋舍摆好枣子、荔枝、蓼花三样果品，举行隆重的仪式，进行祭斋。一打听，才知道这些祭品的含义是“早（枣）离（荔）了（蓼）”。宋慈才入学，犯不着“早离了”，他一边关心天下局势，一边苦读求学。

太学、武学是全国的舆论中心。国家政令的施行，官员的除拜黜陟，只要涉及国家盛衰的，太学与武学的学生言论一出，往往就轰然雷动，可以震动天子和宰相。

宋慈那时的武学生，不只是一介武夫，还是才识卓越的学人。有一位叫华岳的武学生便是文武双全、议论纵横。宋慈入太学后，嗅到了越来越浓的硝烟味。开禧元年（1205年）四月二十七日，韩侂胄积极筹备北伐。武学生华岳以为，此时不宜用兵开启边衅。他毅然上书，言语犀利，这无疑是朝韩侂胄泼去一瓢冷水。韩侂胄一哆嗦，再往下阅读奏状时，牙根不由越咬越紧。华岳竟然还请求斩杀韩侂胄、苏师旦、周筠以谢天下，说他们三人是害国者。

韩侂胄将华岳的上书当成政治事件处理，直接绕开宋王朝的教育行政中心——国子监，由大理寺处理华岳。华岳被逐出武学，下放到建宁府（今建瓯）编管。

建宁府，就是宋慈的故乡。

宋慈有一位建宁府的同乡也在太学。此人名叫真德秀，他眉目清秀、举止雍容，此时，他正以博士身份衣袂飘然大踏步地走进太学。真德秀尊崇理学，信奉朱熹的学说，是位儒雅的士人，他生于淳熙五年（1178年）。庆元五年（1199年），22岁的真德秀和岳父杨圭一起来到临安参加科举考试——真德秀进士及第，杨圭也进士及第，这一榜的状元是晋江人曾从龙。开禧元年的真德秀正好以低级官员的身份参加“博学宏词”科考试并被录取。

乾淳体，乾（道）、淳（熙）是宋孝宗的年号，宋孝宗专心理政，百姓生活富裕、五谷丰登、太平安乐。宋孝宗治国有方，乾道、淳熙年间出现“乾淳之治”。那个时代人才敦厚质朴，儒生迭兴，辞章雅正，时代酝酿出乾淳的文风。

那时，许多进士虽然是进士，但要撰写代表国家意志的诏、诰、章、表，却都大失水准。于是，朝廷另外开设一个科目——博学宏词科，专门选拔为皇帝和中央朝廷草诏诰、章表、赋颂、檄书的人才。开禧三年（1207年），真德秀30岁，调任国子监太学正。不久，又由太学正升任太学博士。

同样来自建宁府，同样的学术取向，年龄差距不大……一个在太学任教，一个在太学学习，宋慈和真德秀的风云际会已是必然。

宋慈听着太学里作息的鼓声吃饭、就寝、集会、起床、研习经义、吟咏诗赋……

一天，真德秀巡斋巡到了宋慈的斋舍。真德秀看到宋慈洋洋洒洒的文章便俯身拿起，通读一遍，不由对这位青年后生刮目相看。

当时的太学，盛行一种“乾淳体”的文章。陈亮是乾淳文风的典型代表，他的《酌古论》纵横上下，研究古人成败的事迹，提出自己的见解，有《战国策》《史记》的遗风，与朱熹的持重严谨相比，陈亮的文字更能吸引人眼球。因而，陈亮的乾淳文风成了太学生模仿的对象，就如现在的高考作文指南。

身为太学博士的真德秀，阅读了太多的学生作文，深深感到“乾淳体”的破坏力，一来，作文千人一面，缺乏个性；二来，太学生以“乾淳体”求取功名之心太炽；三来，许多文字完全是

无病呻吟，无经天纬地、针砭时弊的功用……宋慈的作文不为功名左右，沉心于理学，有个人的独到见解，又有程朱理学的源流，实在太难得了！

真德秀赞叹宋慈“有源流，出肺腑”。

师生二人谈北伐，谈理学，谈朱熹，也谈到了勉斋先生黄榦，谈到了黄榦前些日子给辛弃疾写的一封信。

韩侂胄北伐太匆忙，无功有怨。虽然北伐刚开始的时候，毕再遇在泗州取得胜利，但是一个毕再遇的胜利根本挽救不了宋王朝的败局。开禧二年（1206年），宋金都有罢兵议和的意思。此时，朝廷召辛弃疾试兵部侍郎，辛弃疾感觉到了朝廷的软弱和求和之意，无心再出任，便呈上奏章辞免。此时，黄榦给辛弃疾去了一封信。

> 江左人物，素号怯懦；秦氏和议又从而销靡之。士大夫至是，奄奄然不复有生气矣。语文章者多虚浮，谈道德者多拘滞。求一人焉，足以持一道之印，寄百里之命，已不复可得，况敢望其相与冒霜露、犯锋镝，以立不世之大功乎？此仆所以又虑夫为明公用者，无其人也。

确实，大宋已无可以“寄百里之命”的人才了，太学生也是“语文章者多虚浮，谈道德者多拘滞”。宋慈感觉，勉斋先生虽然是给辛稼轩写信，但其中的语句却句句都在鞭策自己。

真德秀离开后，宋慈给自己起了个号，叫“自牧”。《易经》的“谦卦”有一句“谦谦君子，卑以自牧”。孔颖达的注疏解释说：“恒以谦卑，自养其德也。”宋慈是想用谦卑来修养道德——他要做一个低调的人。

开禧三年（1207年）十一月，韩侂胄被史弥远等诛于五律园。开禧北伐之败，韩侂胄有不可开脱的责任。他是北伐抗金的积极主张者，他一死，宋金订立和约的条件基本成熟，如今，韩侂胄的首级成为宋金两国和约的药引，只要药引一下，宋金缔和的这味汤剂就成了。

毕竟是一个国家大臣的首级，韩侂胄的首级就不仅仅是首级，而是关涉国体了！朝廷很多的声音是：和议是国家大事，只要一个首级就可以解决，何必惋惜？

史弥远遵照金国的要求，凿开韩侂胄的棺木，割下头颅，然后用盒子装好由王柟出使金国送出去。由此，《嘉定和议》成。

宋慈想起靖安寺边的情景。那时，他目睹朱夫子送别蔡元定，听老师们说伪学的禁令是出自韩侂胄，当时的宋慈心生怨恨。然而，当史弥远割下韩侂胄的首级时，宋慈更恨宋王朝的软弱，想起勉斋先生的“江左人物，素号怯懦”，是确实的吧！

韩侂胄的首级被送给金人了。此时，宋慈老师吴稚最好的朋友刘淮从建阳来到了临安。宋慈的父亲宋巩、同学熊刚大也来临安赶考。

刘淮登上吴山，来到韩侂胄的故宅韩王府。当年，皇帝赐第韩侂胄，韩侂胄在山上建造一座辉煌的阅古堂，疏浚青衣泉，让泉水注入水池。他还用玛瑙砌了一个水池，并取名“阅古泉”。陆游写《阅古泉记》时，韩侂胄是何等飘然洒脱，“公（韩侂胄）常与客徜徉泉上，酌以饮客”。然而，韩侂胄此时却身首异处，宅邸荒废，泉林寂然。韩王府幽暗微明，人去楼空，一片萧然。

见到此情此景，宋巩、刘淮、宋慈、熊刚大都是满目忧伤。刘淮提笔在韩王府的粉壁上写下《题韩府诗》：

宝莲山下韩家府，郁郁沉沉深几许。

主人飞头去和虏，绿户玄墙锁风雨。

九世卿家一朝覆，太师之诛魏公辱。

后车不信有前车，突兀眼前看此屋。

第二天，《题韩府诗》传遍临安。诗人赵蕃是刘淮的朋友，见了此诗，唱和道：

何人咏出韩家府，是我建阳刘叔通。

尽道唐人工乐府，罕能褒贬似渠工。

“主人飞头去和虏”，一个王朝，面对强劲的虏敌，多么的无奈？建阳人刘淮表达的无奈与屈辱在临安火了一把。

春榜出来，宋巩落第、熊刚大也落第……这一年，是嘉定元年（1208年）。国子监生刘灼也落第。刘灼是风度娴雅的读书人，也是真德秀欣赏的弟子。刘灼词赋超拔，才华横溢，但刘灼是有个性的人，他竟然收拾行李要离开太学。

刘灼的词赋出类拔萃，却突然厌恶科举，他放弃举业，离开太学，专攻古文。宋慈与刘灼都是真德秀看重的学生。刘灼离开太学时，宋慈望着他的背影，怅然而叹。第二年，刘灼以门荫补将仕郎，改名克庄。宋慈和刘克庄将在若干年后再次聚首，成为挚友。

宋慈在太学的年月里，父亲宋巩一如既往地参加科考。直到嘉定七年。这一年，宋巩进士及第。宋巩一定能进士及第。因为，宋巩不断考试的努力终于让他拥有了特奏的资格。宋朝的科考有特奏的制度，这是对读书人的激励：只要连考进士8次并且年龄40岁以上的考生，或者连考进士5次并且年满50岁以上的考生，就有机会获恩赐特奏名。宋巩早已年满50，而且已考了5

嘉定更化，韩侂胄死后，宁宗改第二年为嘉定元年，声称要革除韩侂胄的弊政，为赵宋基业“作家活”。史家把嘉定初年的政治举措称为“嘉定更化”。在一系列的举措中，赵汝愚尽复原官，增谥忠定，朱熹被赐予文臣最高荣誉的一字谥，称为朱文公。

次。宋巩向建宁府提出了特科申请，建宁府依据科举存档材料，申报礼部，礼部核准并向皇帝奏名，如此，宋巩就可直接参加殿试。特奏属帝王推恩的“恩科”。

早些年，特奏的举人在殿试时试论一首、诗一首，各科对义五道，年老者还可以免试。尔后，特奏名考生即使参加殿试，也只试策一道，不细致地考评他们了，大多只是依据等第、年岁、举次来排定名次。有一次殿试，一位70多岁的特科考生，在试卷上写道：臣老矣，不能为文也，伏愿陛下万岁万万岁。仅仅就17字，却得了“特给初品官，食俸终其身”的优待。

嘉定七年（1214年），宋巩成为特科进士。宋慈的同学熊刚大也进士及第。还有宋慈的老师李方子。李方子廷试时名列第三。

那一年知贡举的是与真德秀同年登第且殿试第一的状元曾从龙，同知贡举三人中，其中一位是建阳莒口的刘爚，就是那个向宁宗请求将朱熹的《论语集注》《孟子集注》立为“法定教材”，引发了“嘉定更化”的刘爚。

熊刚大进士及第后，授职建安（建宁府治所在地）教授。

宋巩特科及第后，授职广州节度推官。

进士及第

宋慈的进士及第还要等三年——嘉定十年（1217年）。

宋慈在嘉定十年省试的考场里，从容答题，待春榜高悬时，他看到了自己榜上有名。下一步，殿试。宋慈到书铺要了些空白试卷——殿试所用试卷是要特定书铺特定空白试卷的，书铺再给宋慈一个殿试的座位号，还有一本《御试须知》。殿试那天，宋慈进入殿门，收回心思，认真答卷。宋慈时代的殿试基本不黜落，只是排定名次。十日后，新科进士名单揭示于朝堂之外，宋慈得中乙科。又五日，是唱名的日子。唱名的前两天，新科的进士都在净慈寺练习朝见皇帝的礼仪，等到唱名那天，分赐进士及第、进士出身和同进士出身。

宋慈虽然中了进士，但没有被立即赐官，而是等待选补。

等待选补的宋慈一直没被任官，到了嘉定十二年（1219年），父亲宋巩病逝。这时，朝廷任命的文书才下达，是鄞县县尉，宋慈因父亲去世便上书请辞，没有去上任。

直到宝庆元年（1225年），宋慈还赋闲在家。这一年，让宋慈比较欣喜的是，太学同学刘克庄到建阳任知县来了。前一年，嘉定十七年，宁宗死了，理宗登基，改元宝庆。由于在理宗登基的问题上，真德秀为济王赵竑鸣冤而被贬出朝廷，回到浦城。

当年在太学的师生三人又都聚集到了建宁府。

刘克庄和宋慈既是太学同学，又同出真德秀之门。于是他们便偷闲结伴去浦城拜访真德秀。

刘克庄初到建阳，就和宋慈谈到了沧洲精舍（即竹林精舍，后来的考亭书院），谈到了理学的传承，他决定重修沧洲精舍，修建朱子祠，修建四贤祠祭祀朱子的亲人和朋友——朱子的父亲朱松、朱子的岳父刘勉之、朱松的朋友建阳名士范如圭、朱子的朋友魏掞之。

看望真德秀后，宋慈与刘克庄回到建阳，协助刘克庄修建沧洲精舍、朱子祠和四贤祠。朱子祠落成那天，天朗气清，建阳名流齐集，落成典礼上，刘克庄欣然提笔，写下祝语：

巍巍文公，宋之夫子。

翼翼考亭，建之阙里。

两坊文籍大备，比屋弦诵。

……

更令人高兴的是，真德秀特意为四贤祠写了记文，派人送到了建阳。

宋慈突然想到了庆元党禁时，朱熹与门人在阴晦的政治空气下的坚持，不由流下泪来。

四贤祠中的魏掞之是第一个建立社仓的人，他在长滩建立社仓以救济乡民。后来，五夫受灾，灾后，朱熹仿效魏掞之在五夫也设立社仓。社仓建立后，百姓就不用担心饥年，不再因为灾患而流离失所，更不会由此揭竿而起了。社仓建成后，可藏米4000余斛，用于赈粜，用于平稳米价。刘克庄来建阳任知县时，建阳社仓大部分都已虚空。宋慈对刘克庄说："如果朱夫子在世，会痛心疾首的。"刘克庄也认为身为建阳知县，决不能让社仓成为摆设，于是斥资3000余缗，购米4000余斛入藏社仓。社仓是万世基业，刘克庄为了能让后来的知县继续推行善政，还特地在社仓大门上书写了一副对联："聊为吾民留饭碗，岂无来者续心灯？"真德秀也认为这是大善举，他写下《建阳县复赈粜仓记》，称刘克庄为"父母之心，仁人之言"。

宋慈与刘克庄都是嗜书如命之人，刘克庄来到图书之府的建阳，怎么会错过购书的机会。建阳的书坊、麻沙的书市是当时的雕版印刷中心。宋慈和刘克庄结伴往书坊、麻沙买书，一路行去，溪山清秀，先至书坊，又到麻沙。麻沙溪边，他们泊舟靠岸，沿着溪南两棵巨大的樟树走去。宋慈的同学祝穆便住在樟树下。

祝穆，本是安徽歙县人，由于家道中落，他的祖父祝莘跟随朱松一起来到福建。祝穆十三四岁的时候在竹林精舍跟随朱熹的弟子学习，也会到吴稚的书堂读书。朱熹去世后，祝穆也不参加科考，他负笈出游，双足踏遍吴、越、荆、楚，搜罗无数素材。后来，他回到建阳，来到图书之府的中心区域麻沙，卜居在麻沙溪的南面。卜居的屋旁有两株古老而高大的樟树，他想到了橘隐、竹隐、菊隐、梅隐，于是他将水南的屋庐取名为“南溪樟隐”。他有求学于朱熹的文化基础，他有“下笔顷刻数百言”的才华，他有踏遍南宋疆域的阅历，他有登高探幽遍访民情的积淀……最终，他从容地将大宋天下的山水风物、建置沿革、关塞险要都纳于笔端，著出《方舆胜揽》《事文类聚》两部大型类书。

樟隐并非隐于深山，眼前，看到“隔岸担簦负笈之行人，中流披蓑鼓木世之渔父”，尽管“市廛虽近”，而他却“一尘不侵”。也就在此时，他看到了两个身影，他不知道，多年未见的宋慈来了，还有一位是建阳的知县。

宋慈和刘克庄见到《方舆胜揽》《事文类聚》的书稿，大为叹服。

刘克庄吟诵了一首《崇化、麻沙道中》：

经行爱此人烟好，面俯清溪背负山。

半艇何妨呼渡去，小桥不碍负薪还。

远闻清馨来林杪，忽有朱栏出竹间。

此处安知无隐者？卜邻容我设柴关。

前四句写景，祝穆和宋慈倒静静看着，“此处安知无隐者”分明写祝穆是隐者了，“卜邻容我设柴关”则又流露出对“南溪樟隐”这片风水宝地的艳羡之情。

三人逛书市，买新书，尔后，宋慈和刘克庄告别祝穆，顺溪流漂回建阳。

第三章

初入仕途，保境安民

宋慈很感谢刘克庄，也很欣赏刘克庄，在刘克庄身上，他学到了许多：心存百姓，关心民瘼，勤政为民。由此，宋慈一出仕，就以高标准要求自己，要让自己成为一名好官。

宋慈和刘克庄载着满船的书回到建阳，在建溪驿泊舟。

时间是宝庆三年（1227年）四月。

此时，一位高大雄壮的中年人正端坐在县衙戒石亭后的双桂堂等他们，此人叫陈韡。

早在宝庆元年，真德秀就曾荐举陈韡。宋慈、刘克庄又是真德秀的得意门生。由此，他们意气相投，惺惺相惜。

陈韡，字子华，福州侯官人，此时他受命知真州（今江苏仪征）兼淮南东路提点刑狱，正奔赴抗金前线真州任职，恰好路过建阳。陈韡生于淳熙六年（1179年），与真德秀是好友，小真德秀1岁，大宋慈7岁，大刘克庄8岁。

之前，陈韡任淮东制置司干办公事的时候，谋划备战金军，取得了堂门大捷。此次他赴任的真州地处长江北岸，东边毗邻扬州，隔江与南京、镇江相望。真州是淮东和淮西的战略过渡地带，虽然相对于马鞍山的采石和扬州的瓜洲，真州不是最好的渡江点，但也是北方军队从淮西或淮东方向渡过淮河后可能分兵攻夺的地区，被视为战略前沿、抗金前线。40多岁正值壮年的陈韡便担任淮南东路的提刑，又要奔赴前线，刘克庄、宋慈都很是心潮澎湃。刘克庄置酒为陈韡饯行，三人对酒当歌，意气风发。

酒后，刘克庄七分醉意，慷慨激昂，豪气冲云天，行笔写下《贺新郎·送陈真州子华》：

北望神州路。试平章、这场公事，怎生分付。记得太行山百万，曾入宗爷驾驭。今把作、握蛇骑虎。君去京东豪杰喜，想投戈、下拜真吾父。谈笑里，定齐鲁。

两河萧瑟惟狐兔。问当年、祖生去后，有人来否。多少新亭挥泪客，谁梦中原块土。算事业、须由人做。应笑书生心胆怯，向车中、闭置如新妇。空目送，塞鸿去。

信丰主簿

陈韡离开后没几个月，宋慈终于接到了朝廷的任命，去赣州的信丰上任。

回想嘉定十年（1217年），宋慈那时32岁，中了进士又没被授官，被授官的时候又遇上了父丧，3年的守丧期结束后，朝廷并不急缺宋慈这样的人，又搁置了3年，待宋慈走上仕宦之路时，距中进士已10个寒暑。

宋慈的官职是主簿。

进士及第初入仕途，最初无非是“丞、尉、簿”之类的县级属官。宋慈的第一个职务是鄞县县尉，像今天县公安局的局长，

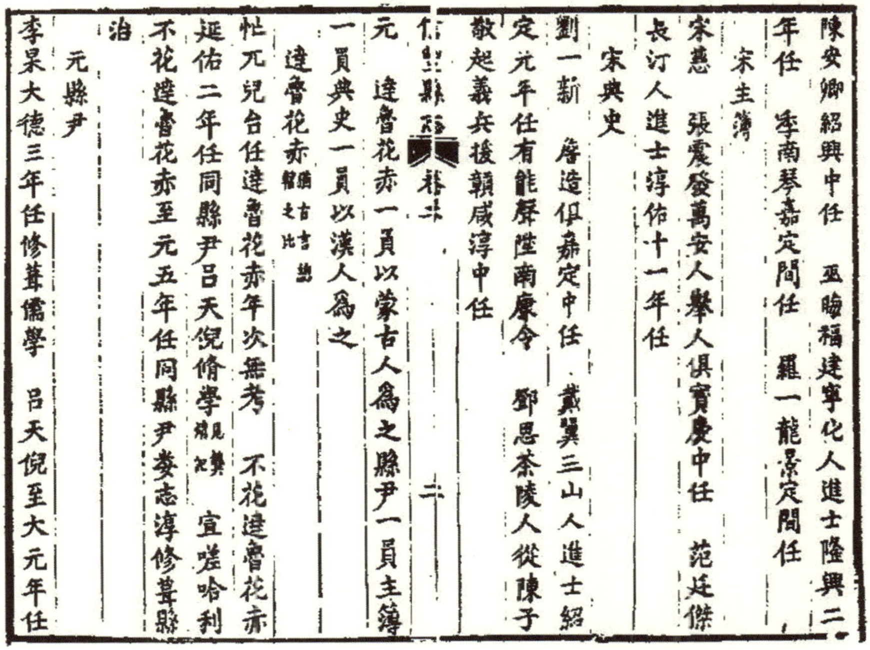

陳安卿紹興中任　巫晦福建寧化人進士隆興二
年任　季南琴嘉定間任　羅一龍景定間任
宋主簿
宋慈　張震發萬安人舉人俱寶慶中任　范廷傑
長汀人進士淳佑十一年任
宋典史
劉一新　詹造伊嘉定中任　戴巽三山人進士紹
定元年任有能聲陞南康令　鄧思茶陵人從陳子
敬起義兵援贛咸淳中任
信豐縣志　卷六　二
元　達魯花赤一員以蒙古人為之縣尹一員主簿
一員典史一員以漢人為之
達魯花赤蒙古言總轄之比
忙兀兒台任達魯花赤年次無考　不花達魯花赤
延佑二年任同縣尹呂天倪脩學記見藝　宜嗟哈利
不花達魯花赤至元五年任同縣尹婁志淳修葺縣
治
元縣尹
李杲大德三年任修葺儒學　呂天倪至大元年任

《信丰县志》对宋慈仕官的记录

负责治安，那时宋慈正遇父丧，因守丧未赴任。如今，朝廷给了个信丰主簿的职务，这与县尉不同，是个文书职务，管档案簿籍税赋。宋慈的起点低、年龄大，更要命的是，信丰这地方，确实是个不敢恭维的“好地方”。

信丰建县是在唐高宗永淳元年（682年）。信丰与龙南、安远相邻。龙南、安远流传着一句谚语：“龙南、安远，一去不转。”那是去了就回不来的地方。乾道七年（1171年），安远的知县王镇提到安远时曾说：“水土恶弱，仕者非死即病。”

到信丰一带当官的风险很高。但宋慈遇到了一个贵人——郑性之——朱熹的学生。郑性之聘请宋慈为幕僚。

信丰属赣州，赣州属江南西路。此时，江南西路经略安抚使是郑性之。郑性之，字信之，号观文，嘉定元年（1208年）的状元。郑性之知隆兴府（南昌）兼任江西安抚使。

郑性之与刘克庄的关系非常密切，郑性之去世后，刘克庄写了《挽毅斋郑观文二首》和墓道碑文以纪念。

宋慈很感谢刘克庄，也很欣赏刘克庄，在刘克庄身上，他学到了许多：心存百姓，关心民瘼，勤政为民。由此，宋慈一出仕，就以高标准要求自己，要让自己成为一名好官。

得知宋慈赴任信丰主簿的事，刘克庄非常高兴，设宴送别宋慈，宴席上，刘克庄写了两首《满江红·送宋惠父入江西幕》送给宋慈，希望他在郑性之的幕下奋发向上：

其一

满腹诗书，余事到、穰苴兵法。新受了、乌公书币，著鞭垂发。黄纸红旗喧道路，黑风青草空巢穴。向幼安、宣子顶头行，方奇特。　　溪峒事，听侬说。龚遂外，无长策。便献俘非勇，纳降非怯。帐下健儿休尽锐，草间赤子俱求活。到崆峒、快寄凯歌来，宽离别。

其二

落日登楼，谁管领、倦游狂客。待唤起、沧浪渔父，隔江吹笛。看水看山身尚健，忧晴忧雨头先白。对暮云、不见美人来，遥天碧。　　山中鹤，应相忆。沙上鹭，浑相识。想石田茅屋，草深三尺。空有鬓如潘骑省，断无面见陶彭泽。便倒倾、海水浣衣尘，难湔涤。

刘克庄在词中用了“乌公书币”的典故。唐代，石处士被河阳节度使乌重胤看重，为平定成德节度使王承宗的叛乱，乌重胤让人配好骏马、带好钱币，并捎上自己的亲笔信前去聘请他，此事被传为佳话。当时，恰好江西南部三峒里发生起义，赣南数百里地方都很混乱。刘克庄劝勉宋慈说“帐下健儿休尽锐，草间赤子俱求活”，他希望宋慈以民为本，在对待起义百姓的时候，不要锋芒逼人、漠视他们的生命，他们也是赤子，他们也希望能活命啊！

信丰所在的赣州原来叫虔州。“虔”字不好，有个“虎”字头，顺带连虔州的百姓都不畏王权，兵乱民变匪闹不断。在绍兴二十三年（1153年）的正月，秘书省校书郎董德元建议说：虔州的“虔”字是“虎字头”，那虔州就是虎头城，这确实不是个好名字，遂申请中书省等大臣商议后决定放弃“虎字头”。那又该取什么名字呢？有两条河流汇于虔州，一为章水，一为贡水。如今，“虔”字去掉了“虎字头”，剩“文”字，再加上章水的“章”与贡水的“贡”，合成了“赣”字。

信丰隔壁的上犹县名字也犯了忌讳，也改了名。嘉定三年（1210年），上犹匹袍峒有个叫陈葵的人起事，本路孙通判归咎于地名，认为犹字有反犬旁，于是，嘉定五年，上犹改为南安

县——反犬变安定了。

从赣州到南安，火药味一直都十足，是个三角区，是个火药桶。改了名的虔州和上犹并没有因此而宁静。宋慈任满的时候，赣南的火药桶被点燃，南安军发生民变。当时的南安军，管辖3个县，大庾县、南康县、南安县，治所在大庾县。

当时，江西提刑司的提刑官是叶宰。赣南的民变时常发生，之前总是招安。此次的民变，叶宰犹豫不决。

暴乱的峒寇主要集中在石门寨、大胜峒与高平寨三处地方。

宋慈认为：百姓造反，也是迫不得已，此时闹灾荒也闹得很严重，因此向叶宰建议仓司继续开仓救灾，加大赈济力度，先让百姓不再生乱。如果已经起事的百姓能因为官府的救灾而放下武器最好，这样就可不费兵卒而消弭变乱了。

负责粮草的魏大有接到叶宰的命令，对三峒周边的六个寨堡进行赈济，稳定了民心。

武力的对抗还在继续，但经过一番征伐，民变最终渐渐平息。

三峒之乱平定之后朝廷论功行赏，准备擢升宋慈改合入官。大权独揽的魏大有见宋慈改合入官，心下不爽，当众侮辱宋慈。宋慈为保护苍生、消弭民变，忍辱负重，不与魏大有计较。如今，局面基本稳定，宋慈不需要再忍受，当魏大有再次出言不逊的时候，宋慈拂袖而去。他留下一句话：魏大有这人狠心而固执，将来必定招致变乱。宋慈说的话传入了魏大有的耳中，魏大有一再弹劾宋慈。朝廷免去了宋慈的官秩。后来，魏大有果然出事，宋慈不幸言中。此是后话。

宋慈又回到了建阳。

绍定三年（1230年），宋慈回到童游，此时的真德秀也在浦城。宝庆元年（1225年）十一月，真德秀落职。不久前，原皇位继承人济王赵竑被史弥远害死，真德秀不满，朝堂之上，真德秀的言论严重地触犯了史弥远的忌讳；九月，真德秀自知不为史弥远所容，因而自请辞免待制及宫观而获准；十一月，真德秀以“奏札诬诋”而落职回到浦城闲居。宋慈决定到浦城去看看真德秀。真德秀在浦城建了拱极堂。为此还撰文《拱极堂记》：

> 在天这极，复隔层霄；在我之极，炳焉方寸……即所以对乎在天，故无愧吾心斯无愧吾君，无愧吾君斯无愧上帝。

朱熹、蔡元定、真德秀、蔡沉，这些真君子，一生所求，无非“无愧”二字。

宋慈也想到了自己的号，“谦谦君子，卑以自牧”。君子但求无愧！

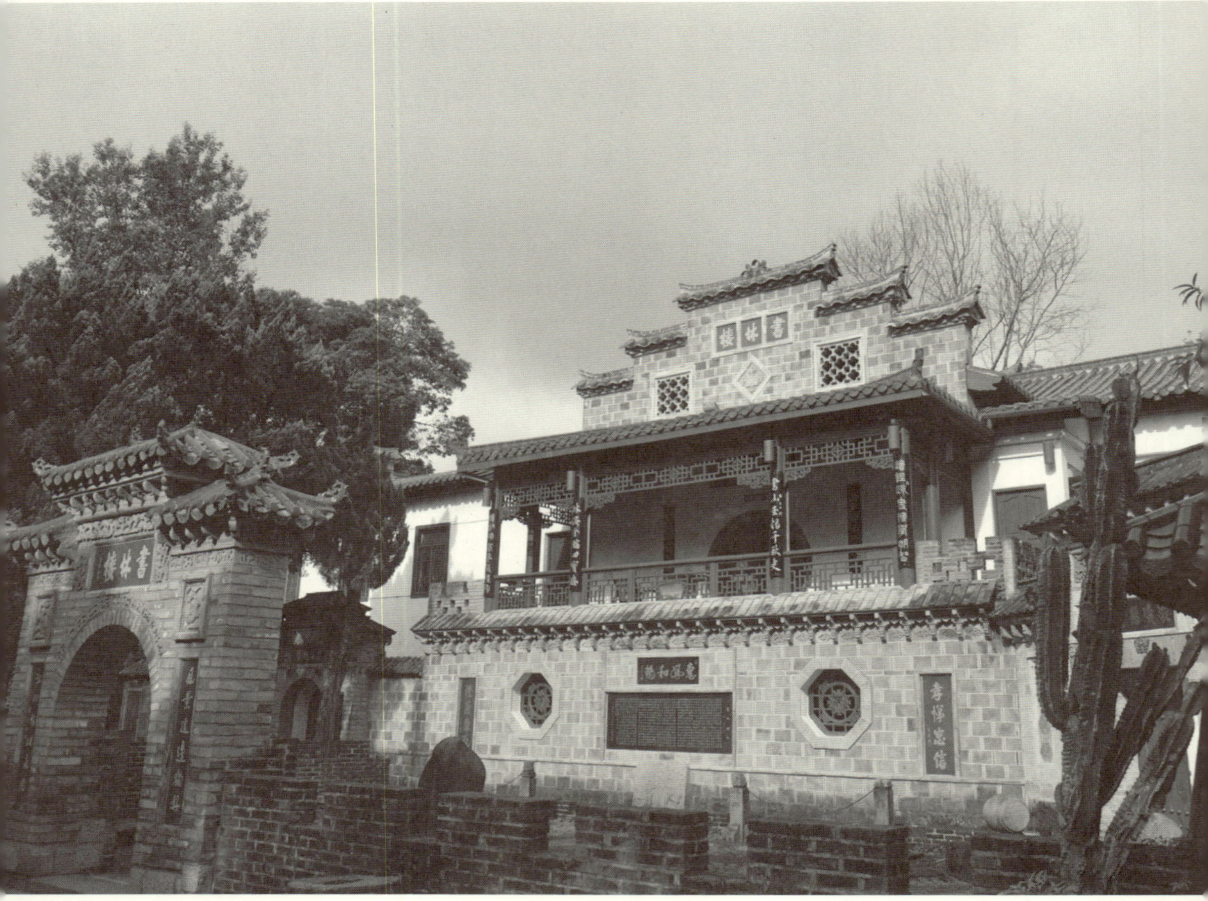
書林樓

第四章

长汀盐事

改变盐法，一来利民生，百姓不再怨声载道；二来扼民乱，乡民不再暴力贩盐。宋慈深知，民怨很大，往往会酿成激变。为了解决百姓的疾苦，也为了社会的稳定，宋慈向朝廷奏请改向广东潮州采购食盐。

赴任长汀

绍定五年（1232年）四月，宋慈因陈韡的荐举而出任长汀知县，这一年，闲居六年的真德秀正式复出，任泉州知州。

宋慈从建阳启程，沿建溪顺流而下。到建州时，宋慈看到了任建安（今建瓯）县学教授的熊刚大。往日的同学成了致力圣贤经典的学者了。熊刚大正在撰写《诗经注解》《性理小学集解》，他一边教授弟子员，一边阐发儒家经典。

建州不远，便是南剑州。宋慈逆沙溪而上，再往后，就是九龙驿，之后的一段水路称九龙滩，九龙滩的河道水势渐险。宋慈下船，开始走陆路。

自过了沙县被称为十里平流的那段水域后，宋慈心下渐渐沉重起来，他看到了逆流而上的船只上装载的食盐。那些盐，关涉着百姓的生计，运盐之路就是一条生命线。

先秦管仲开始，建立的盐法体系就基本是食盐专卖，而且，南宋还明确划定食盐销售区，不得越界销售。福建路的行政区划为建宁府、汀州、南剑州、邵武军、福州、泉州、漳州、兴化军八个行政区，故后来称“八闽”（当时宋人多称七闽，因为闽人有七种，故称之）。其中建宁府、汀州、南剑州、邵武军称为“上府”或“上四州”； 福州、泉州、漳州、兴化军称为“下府”或“下四州”。上四州不产盐，多用福盐，宋慈去上任的长汀为福盐区，长汀食盐的贩运路线有一段与宋慈从南剑州到长汀赴任的路线重叠。

福盐从闽江溯流而上，到南剑州后，转入沙溪，沙溪下游沙县一带，十里平流，还不算险阻，等溯流到九龙滩附近时，盐运就成了一个大问题，溯流而运，乱石奔涛，盐包破败，河中沙石水草随潮水拍入盐袋中，盐的质量极差。过了九龙滩，还得走陆路，挑夫担着盐在狭窄的山路上行走，艰难异常。这些食盐从上船到最后进入百姓家，要超过一年。

宋慈到长汀任知县是幸运的。当时，汀州的知州是李华，通判是李昴英，二人在先前的平乱中有过极其默契的合作。

汀州地处深山穷谷，农作物的收成不高，与富庶的漳州、泉州相比，汀州非常穷僻，百姓有“生子不举”的陋习，即生了孩子却不养，出生的时候把他（她）溺死。汀州知州曾建有举子仓，就是专门为百姓生子不举而设置，一旦遇到民户家中生孩子的，官府就无偿提供仓粮给产妇家，汀州各县曾设举子仓22所，至少可救880名婴儿，只是后来官府也倦怠了，不再拨发粮米，再经过乱民的洗劫，举子仓就废弃了。

李华任知州后，削减苗斛，关爱民瘼，又节缩公务，积累了2万缗镪的资金，建造了均惠仓，买米粮储存起来，使汀州百姓免除灾荒年岁要高价买米的祸患。汀州百姓对此很是感恩戴德。

变盐法，辟航道

宋慈来到汀州后，感觉到李华解决了百姓粮食和赋税的问题确实有利于民生，但食盐的问题也必须提上议事日程了。

宋慈走访邦民，了解汀州的食盐现状：汀州府的官盐，重量不及1斤，可是价格达47钱；盐子贩卖的私盐，重量1斤半当1斤卖，而且颜色纯白，没有掺沙石杂草，才卖20钱。如果做个粗略的换算，私盐1斤半卖20钱，那折成官盐1斤就只需13钱，官盐不及1斤且掺了沙石卖47钱，那一斤估算不少于52钱，官盐的价

格大约是私盐的4倍。4倍的暴利，足以令他们铤而走险。所以，汀州大量的百姓贩私盐。晏梦彪之乱前，百姓贩私盐的占十分之六。虔、汀二州的许多百姓，每年的秋冬，田事结束，就有人组织往广南（梅州、潮州一带）盗贩食盐，他们手持兵器旗鼓，在虔州、汀州、漳州、潮州、梅州这些地方肆意往来。他们毫无纪律约束，所到一处，便抢人谷帛，掳人妇女，与巡捕吏卒格斗。

宋慈考察了汀州的盐事后，迅速往卧龙山下的汀州府治走去，向知州李华和通判李昴英商量汀州百姓吃盐的问题。要想从根本上解决食盐问题，就要改变盐法。宋慈设计了整套的方案——改运福盐为潮盐，即将买盐的地点由福州改为潮州。改为潮州后，运盐就走汀江水路，3个多月即可。

改变盐法，一来利民生，百姓不再怨声载道；二来扼民乱，乡民不再暴力贩盐。

李华和李昴英听说后，坚决支持宋慈，并将此法上表朝廷。

朝廷接到奏表后，也大为赞同宋慈的做法，批复说：

准尚书省札，从本路郑转运之请，许本州及诸县艰于运福盐者，改运潮盐，其盐经由潮州潭口场纳税，过上杭县，从官检秤核实，方到本州交却。

宋慈开始了伟大的壮举：开辟航道。

汀江下行，盐运之路可以分为四段，一是从长汀至回龙，二是从回龙至峰市，三是从峰市至石市，四是从石市至潮州。长汀至回龙，有险滩若干，如果开辟，可以通航，但回龙滩奇险，有石滩像龙一样盘旋，不可开辟，需要驳运。回龙以下，河道较缓，而且早在嘉定六年（1213年），汀州知州赵崇模就开辟了上杭至峰市段的航道，虽然还有些险滩，但通航已没有什么问题。峰市往下为棉花滩，河段两岸悬崖峭壁，河面仅宽数十米，河中巨礁密布，水急滩险，有“十里棉花滩，江水自天来”之说，可谓航道禁区。因此须将货物在峰市起岸，从陆路运到十里外的石市，由石市走水路，抵韩江水系，尔后，到潮州就方便了。

通过一番细致的勘察，宋慈决定主要开辟长汀至回龙的航道，这样一来两次驳运即可将潮盐运至汀州。

在火药技术还未普及的南宋，开辟航道使用的是一种名为“煮石”的方法。在冬天，水落石出，那时水位下降，礁石露出水面，易于开凿。宋慈指挥壮丁到山中取干柴，又安排壮丁在礁石上凿孔洞。干柴取来后往礁石上堆放。山上、水面上、礁石上，人声、水声、敲击声连结嚣腾。干柴厚厚地堆放完毕，宋慈猛地将手一挥，给壮丁一个信号，壮丁四下点燃干柴，熊熊烈焰蓦然轰天而起，“煮石”开始，炭火整日整夜地烧。第三日，火烬渐灭，壮丁又涌到礁石边，取江水顺礁石泼下，“嗞嗞”声随着水蒸气升腾而起，礁石有些已自动爆裂，宋慈招手呼喊壮丁，“趁热打石”，众人齐力上阵，随着激荡的铁锤撞击，礁石便碎裂开来，号子声与江水声交相呼应……

航道开辟后，原来福盐，一年才运到；如今潮盐，便只三个月就运到了。

宋慈与知州李华、通判李昴英通力配合，汀州百姓日渐过上安居乐业的生活。

兴修城池

长汀县治由于年岁久远，多有颓圮，加上当时的寇变，城池破败凋零，宋慈或重修或新建，于是鼓楼、门庑、琴堂、寝室、吏舍、府库全都焕然一新。县治前一开阔地，宋慈对峙而建两座亭子，称“宣诏”和“晓示”。两亭不远，他又建立了一座牌坊，因为崇宁间博学宏词科的谢潜住在附近，就名为“词学坊”。词学坊后就是一条长长的街市。“词学坊”三字是宋慈写的。宋慈在长汀县圃之西还重新修建了万雪亭，并题写了“万雪亭”匾额。

李华、李昴英、宋慈，或建街坊，或建书院，或建粮仓，或立寨栅……汀州成了一片乐土。物阜民丰，汀州祥和。此时，一位流浪诗人走进汀州，诗人叫戴复古。

戴复古，天台道黄岩县南塘屏山（今浙江台州）人，此时，他已60多岁，他辗转来到福建，开始了第三次的人生游历。此时，民乱、兵乱的汀州已经平静安详、百姓乐业。戴复古从江西过来，谈及赣南正猖獗的陈三枪之乱，深感汀州安定和平之不易，他提起笔，为李华写了两首诗。

其一

英雄疏略书生腐，守调如公天下无。
眼底纷纷付谈笑，胸中事事有规模。
从他要路争驰毂，独坐偏州再剖符。
平寇功成在谁手？乱山深处问樵夫。

其二

三年壮士起淮濆，贾勇从公定七闽。
在昔猩鼯中夜啸，而今桃李万山春。
临危性命轻如叶，破敌机锋妙若神。
自此南人不知反，使君还亦是天人。

这时候，刘克庄依然闲居在家，当听说宋慈与李华在汀州一起为民生而努力的时候，心下高兴，又听说了李华重修谯楼想请他写一篇记时，也不推辞，不久，欣然写了《汀州重建谯楼记》，寄到了长汀。

汀，古郡也，官寺皆百年老屋，㯳㯳覆压。绍定六年，建安李公出守，稍撤而新之，由堂寝至门庑，由库厩至亭榭，皆焕然改观，独谯楼以费伙未皇及。公益务节缩，得镪二万缗，将改作，适当路牟和左右望而豪夺，公虑是役之贾祸，移镪籴米若干斛为均惠仓，汀人始免贵籴之患。会上亲政，放黜贪浊，用真公德秀为帅，视属部如家。公临郡滋久，所积又万缗，乃申初志，六阅月而楼成……

宋慈纪念园
法醫鼻祖洗冤傳五洲
大宋提刑業績垂千古

第五章

长江防务，常州赈灾

改算谁从井落，重新疆理，谁从襄岘，一洗腥膻。幕府归来，未应袖手，行有诏书来九天。勋名就，使吾乡夸诧，盛事流传。

干办公事官

端平二年（1235年）十二月，宋慈接到尚书省札子——到江淮督府去任干办公事官。

江淮督府是曾从龙开的府。曾从龙开府时的职务是枢密使——最高军事长官。曾从龙辟宋慈与刘克庄为幕僚。

江淮督府在江州（今九江），是长江前线，宋慈多么希望到前线去抗敌啊，何况刘克庄也去，两位老朋友又要相聚了。

曾从龙和真德秀是同榜进士，那一榜的第一名是曾从龙，第三名是魏了翁。端平二年十二月，宋理宗同时让魏了翁、曾从龙开督府，负责长江防务。

那时的南宋，军事体制发生了改变：中央最高领导职务的宰执官、中央最高军事长官频繁外出统兵。他们外出统兵的机构称为督府：宰相都督军事或都督军马统领的指挥中心称为都督府；而参知政事行府、枢密院长官等统领的指挥中心则称为督视府。

督府统兵的规格与权力高于其他统军机构，是最高级别的战时军事指挥机构，节制辖区内所有军队，还拥有人事、财政等权力。

但朝廷让两位枢密院大臣同时督视军事是极少有的事。

曾从龙是福建晋江人，才华俊逸之士，庆元五年（1199年）中状元那年，仅24岁。

魏了翁是四川邛州（邛崃）人，号鹤山，在理学成就上与真德秀并称“鹤山西山”。中探花那年，魏了翁21岁，曾从龙督视江淮军马，魏了翁经营荆襄军马，两人并领督府。

当时南宋主要是川蜀、荆襄（又称京湖）、江淮三大战区，江淮战区包含两淮（淮东、淮西）战区与长江战区。

现在，庆元五年（1199年）进士榜的状元和探花将联手负责南宋三大战区中的两大战区。

曾从龙和魏了翁急需人才。

曾从龙让尚书省迅速下札子，召宋慈前来。

宋慈卸任长汀知县后，便往江州而去。然而，在即将抵达江州的时候，曾从龙死了。

督府没有去成，与刘克庄的相见也成了泡影。

一个状元，一位书生，临危受命，很艰难。有人说，曾从龙是惊吓而死的。

自从蒙古的窝阔台以宋军毁盟入洛为借口南下后，战事一直没有停止。六月，蒙古兵分三路，目标直指宋军的三个战区：窝阔台次子阔端统兵攻川蜀，三子阔出攻荆襄，宗王口温不花攻江淮。蒙宋两军的战争非常残酷，襄阳附近的随州、枣阳、德安均激战数日后失陷。到了十二月，襄阳虽未被攻克，但外围的拱卫力量基本消失。

宋慈是在这种背景下去往江州的。曾从龙也是在这种背景下到江州开督府的。

其实，曾从龙开督府，一方面，是受政治排挤，朝堂之中的主和派处处牵制着他，连边费都不给；另一方面，战事告急，朝廷将命脉压在一个书生身上，他确实也因忧惧而死。

宋慈的幕府职务是江淮督府干办，刘克庄的幕府职务是江淮督府参议官。宋慈的干办是府中处置多种事务的主办官，他满怀着希望去上任，却突然间什么都没有了。

刘克庄也没有必要来江州了。两位朋友，又无缘见面了。

督府干办

曾从龙一死，朝廷将两个战区的政务全部托付给了魏了翁——督视江淮京湖军马，魏了翁依然聘宋慈为干办公事。

魏了翁并不年长，仅大宋慈8岁，幕府其他几位分别是枢密都承旨、督府参谋官吴潜，督府参议官赵善瀚和马光祖，督府帐前都统制杨义。

参谋官吴潜是嘉定十年（1217年）榜状元，宋慈正是那榜的进士，两人同榜。

魏了翁离开京城的时候，理宗允许他“便宜行事”，让他不必请示就可自行裁断军防事务，而且，魏了翁带来了庞大的随军支用的经费，黄金1000两，白银5万两，度牒1000道，会子500万缗。1000道的度牒也算是巨额经费了！度牒是僧道出家的证明文书，有度牒的僧人或道士，可以免除赋税和劳役，度牒可以当钱卖——苏东坡在治理西湖的时候经费紧张，就曾向朝廷申请弄些度牒来，他后来弄到100道度牒，卖了1.7万贯钱；会子就是南宋的纸币。

魏了翁与吴潜、宋慈等人开始整顿军纪，收拢军心，警告庸碌的将领，勉励勇武的兵帅，祭奠牺牲的将士，调集下游军兵往上游聚集……一时军力大增。

此时，一个关键人物需要细致处理。

此人是赵范。赵范是京湖（即荆襄）制置使，即荆襄路的高级军事长官。端平元年（1234年）十月，蒙军破枣阳后，开始进攻襄阳，并且开春的时候又开始增兵。赵范坐镇城中，日日宴饮，既不认真防守蒙军进攻，也不调和南军和北军之间的矛盾。

端平入洛，是指端平元年（1234年）南宋在联合蒙古灭金国后，出兵收复位于河南的原北宋东京开封府（今河南开封）、西京河南府（今河南洛阳）和南京应天府（今河南商丘）三京的军事行动，由于粮草不济以及没有骑兵等原因，最终被蒙古军大败而退回原来的防线。

襄阳很是危急。

在宋军端平入洛时，原来金国投降蒙古的许多将领叛蒙降宋，这些由北部金人控制区内降兵组成的军队被称为“北军”，他们的身份在短时间内没有得到宋王朝的完全认同，组织关系没理顺，北军脚踩两只船或降而复叛的事情时有发生。

北军极需赵范安抚。

魏了翁、宋慈、吴潜、赵善瀚、马光祖都不约而同将目光投向了襄阳，投向了赵范。

魏了翁早就曾进言：如果蒙古军拉拢北军为向导，从淮河下来，冲突江面，那长江上下必然大震动。

但魏了翁还没施展拳脚，就被召还了。理宗相信魏了翁，也多给予礼遇，然而督府的陈奏不断地受到权臣的牵制，至于魏了翁外出建督府统兵事也无非是让魏了翁离开朝廷的政治斗争的手段而已。

督府成立3个月，魏了翁到任20天。

昙花一现。

当解散督府的消息传来，众人坐定，神色肃然。大敌当前，朝廷把军事当成了儿戏，所有的热情与雄心瞬间冰凉……众人散去后，魏了翁留下宋慈说：20天来，督府初创，乱成一团麻，幸亏有你，按惯例，对督府有贡献的人，我都会举荐朝堂，以期人才有用武之地，可是事发突然，我已交待有司给你送去50两黄金，你暂且回家，等我入朝举荐你再任新职吧！

宋慈没有拒绝，他知道这是魏了翁的心意，魏了翁带有歉意。

摄郡，有遗爱

端平三年（1236年），由于襄阳的赵范不能及时协调南北军之间的矛盾。两军发生了冲突，北军叛乱。叛乱后，北军建起屋子酿造甜酒等待蒙古军队前来。南宋王朝的军器财粟拱手就被送给了蒙古军。

令人惊喜的是，这年的十月，战神般的人物孟珙出手了，他奔赴正处于塔察儿率领的蒙军猛烈攻击的蕲州（湖北蕲春）。塔察儿了解孟珙的实力，于是撤围离开并迅速扑向江陵（湖北荆州），蒙古铁骑第一次兵临长江。自赵范丢了襄阳府，京湖制置司便移治江陵，倘若江陵失陷，蒙军将可以西攻川蜀，也可沿江东进，还可南下湖湘。江陵，汉献帝建安二十四年（219年）曾在此上演过吴蜀之战，当年关羽荆州一失，蜀国全盘被动。如今，此地又成为了战场。孟珙不敢怠慢，迅速集结力量封锁江面，又施以疑兵之计，趁蒙军狐疑之际，迅速出击，连破蒙军24座营寨，抢回被俘百姓两万多人，蒙军的渡江器具被一并焚毁，蒙军的攻势被扼止。

此时的宋慈却又赋闲在家。自江州督府解散后，宋慈回到家乡，将一腔抱负埋在心底。直到嘉熙二年（1238年）的春天。宋慈到邵武军任职。

邵武在行政建置上属于“军”。那时，地方行政管理机构，“路”一级下，有“府、州、军、监”，在行政建置上，四者平级，但实际地位依次而降低。“军”略低于“州”略高于“监”，地势冲要，户口少而不成州者，则设军。知军为军一级最高行政官员，贰官（副官）为通判。

宋慈的职位是通判。嘉熙二年（1238年），邵武军的知军空缺，宋慈以通判的身份代理知军。

90年前，也就是庆历七年（1047年），邵武的知军是宋咸，宋慈的先人。宋咸在邵武，重修军学，购置学田，亲自为学子授课，当时学子有千人之多。

邵武军的城池曾经搬迁。邵武的旧址在故县，故县在隋朝时为乌坂营，太平兴国四年（979年）置邵武军，并将治所的位置移于紫云溪（富屯溪）南的登高山东南。

宋慈在邵武任通判的一天，祝穆经过邵武。两位儿时同学相见，分外亲热。那日，又正是宋慈生日，祝穆怀着久别重逢的欣喜，为朋友写下一首《沁园春·寿宋通判》。

自有东阳，锦水城山，几千百年。记往时仅说，拥麾刻郡，而今创见，持橐甘泉。地脉方兴，天荒欲破，还为盐梅生钜贤。清和候，正风熏日永，作地行仙。

题舆小驻樵川，常只恐祖生先著鞭。算谁从井落，重新疆理，谁从襄岘，一洗腥膻。幕府归来，未应袖手，行有诏书来九天。勋名就，使吾乡夸诧，盛事流传。

词中有两处是写明地点。

一是“东阳”，东阳是建阳的古称。

二是“樵川”，邵武那条溪流叫“樵川”，樵川便指代邵武。

写这首词的时候，宋慈正从魏了翁的“幕府归来”。“吾乡夸诧”，指宋通判与祝穆同是建阳人。词还写到宋慈在邵武办学宫育人才的事，同时还表达了祝穆对宋慈收复疆场大展雄才的希望。

在邵武，宋慈还特意去拜谒胡将军祠。邵武人民感念当年为抗击叛乱而战亡的胡斌，他们建了胡将军祠。在胡将军祠有一首刘克庄写的《寄题邵武死事胡将祠堂》诗。

士各全躯命，唯侯视死轻。
张巡须尽怒，先轸面如生。
短刃犹枭冠，空拳尚背城。
新祠箫鼓盛，人敬比神明。

刘克庄在绍定三年（1230年）闲居在家时，听说了邵武胡斌的事，感慨万端，“寄题”了这首诗。

邵武军学毁于晏梦彪之乱，前两年，邵武军的副官王埜重建了军学，但还不完善，宋慈到任，便让教谕饶愿将之修葺一新。大成殿中的孔子端冕华衮，容貌轩昂，此像是从曲阜的阙里得来的，是一位叫慎玠的刻工所雕，刻得惟妙惟肖、栩栩如生。

宋慈在邵武的日子终结于嘉熙四年（1240年）秋末。

刘克庄说宋慈“摄郡，有遗爱”。宋慈虽然只是代理邵武军的知军，但却留下了让百姓感念的恩德。

常州抗灾

嘉熙四年（1240年），天下大乱，内忧外患。

宋慈由邵武通判调任常州知州。

金国已灭亡6年，宋朝现在的劲敌是蒙古军。

这年四月，蒙古派使者来议和，使者是王楫，这是他第五次出使宋朝议和。王楫本是金国人，带领金兵与蒙古军血战三日后被俘，由于成吉思汗爱才而保全性命。如今，他再次成了“和平使者”，往来南北。然而，宋朝抗战情绪高涨，和议未成，王楫郁郁成疾，最终客死南方，宋王朝倒是厚赠丧葬物品并遣使送灵柩于北方。这一年，第一期的宋蒙战争已接近尾声。一年后，因窝阔台酗酒暴毙而出现了一段短暂的和平时期。也是这一年，四川制置副使彭大雅为了抗击蒙古军，派甘闰于合州（重庆合川）东十里钓鱼山上筑寨，钓鱼山的防御工事将终结第二期的宋蒙战争。

这一年，宋慈的好友刘克庄任广东提刑。一天，刘克庄巡按至惠州特意去拜谒了一个女人——朝云——一位12岁就陪在苏东坡身边的丫头。刘克庄看到朝云墓地和六如亭荒草萋萋，他心里猛然想到在建阳溘然长逝的林节。于是，他特意整理了一下墓地和六如亭，并提笔写道：

吴儿解记真娘墓，杭俗犹怜苏小坟。

谁与惠州耆旧说，可无抔土覆朝云？

吴中人没忘真娘墓，杭州人没忘苏小小墓，可惠州人呢？当时的惠州郡守见了此诗后立即将朝云墓和六如亭修整一新。

宋慈去的常州不比刘克庄的惠州，形势的恶劣，完全超乎想象。

灾荒的原因是浙西大旱，旱灾之后是残酷的蝗灾，飞蝗来袭，过后，绿野荡然无存，只剩荒芜一片。

米价波动非常厉害，起初36贯1石，渐渐上涨到100贯，“斗粟一千，涨势不止，饥民有全家饿死，相率投江者。浙西殍死盈路，流民充斥”。

六月，皇上命近臣祷雨于天地、宗庙、社稷、宫观。又下诏说："亢阳为害，日事祷祈，邈无报应。且闻飞蝗为孽，朕心惕然。自七月一日，避正殿，减常膳，应中外臣僚，并许直言朝廷阙失。"

知宁国府的杜范被召还都，杜范一进京就直言说："方今天下，人民没有一粒粮食，物价腾踊飞涨，临安城中，气象萧条，路上饥民饿死，街上流民充斥，剽掠抢盗成风——这是内忧；新兴的北兵乘胜善斗，中原的一些百姓假借各种名义崛起，入侵的蒙军已攻毁巴蜀，占据荆襄——这是外患；天象异常，彗星吐芒，冬响雷，春下雪，海潮涌进都城，京城周边全是赤地——这是天怒；百姓死于战争和饥馑，父子互相抛弃，夫妇不能相保，各种谤言载道——这是人怨……"

然后，杜范将话锋直指之前的权臣韩侂胄、史弥远，杜范说，他们分别掌军政大权13年和17年，30年的积弊，才有此内忧外患天怒人怨。

必须亡羊补牢，一批梗直清醒的大臣开始为大宋"补牢"。当时主持朝堂之事的是有"公清之相"之称的李宗勉。

因为李宗勉，宋慈走进了常州。

嘉熙三年（1239年）春正月，李宗勉担任左丞相兼枢密使。

左丞相的职务是"尚书左仆射同中书门下平章事"，管理政务，中书门下省也称"东府"；枢密使管理的是军务，枢密院也称"西府"：东府、西府合称"贰府"。贰府共同行使行政领导和军事领导权，李宗勉集军务、政务于一身，同时掌管文武大权。李宗勉还管理"总后勤部"——诸军料院。南宋仓库钱粮的出纳专由粮料院主管；官吏军兵的月给也由粮料院出文据到仓库请领。

肩担重任的李宗勉面对如此严峻的形势，急需一些老成持重的人帮他渡过浙西灾荒的难关，当常州需要一位知州时，他想到了宋慈。

宋慈受命于危难之际。

告别李宗勉前，宋慈叹息道：“常州的赈灾难有作为，我也知道那些官员所说的不假，强大的宗室伪造户籍逃避赋税，他们屯积谷物不卖，等待高价出售……”

李宗勉问：“该如何是好？”

宋慈说：“要想改变这种困局，就要施行‘济粜法’，进行全民救灾！”

宋慈到了常州，马上着手行济粜之法。他统计户数，核准户籍，将百姓按贫富分为五等，礼致富户，劝勉贫户，根据田产贫富，最富有者拿出存粮一半用于助济百姓，一半用于出售；较富有者拿出存粮只出售而不无偿济助；中等的既不卖粮也不接受救助；次贫者半救助；赤贫者完全救助。

同时，宋慈让司户参军定出米价，将府库的楮币全部放出，贷给市民，不收利息钱，鼓励往浙东贩米来粜。各县富户的粮米收入各县社仓，州府富户的粮米收入州府的籴纳仓。商户外地所购之米运至固定地点出售。又依律拟好榜文，不允许富户改变户籍降低户等逃避救灾，让百姓安心不至于成流民。

宋慈了解到常州胡氏是大姓。有一位叫胡珵的，字德思，晋陵人，操行端方，曾向杨时学习。太学生陈东上书讨伐“蔡京、王黼、童贯”等六贼时的文字，胡珵曾为之润色。秦桧立和议，胡珵与同馆的朱熹父亲朱松，还有凌景、夏常明、范如圭等人合辞抗疏忤逆秦桧，后又拜谒并从学于刘元成（安世），元成说胡珵聪明，“能护以至道，当成令器”。胡珵于是不太流连仕途，安贫乐道，至老好学不倦，穷困而死，为一时表正。

宋慈既为了尊重学问，也为了赈灾时期赢得富户的支持，便在常州的先贤祠增祀胡理。

同时，宋慈一直上书朝廷，请求蠲免当年常州百姓租税，朝廷札子下来，同意蠲免租税的一半。

宋慈赈灾有方，加上朝廷蠲免了百姓一半的租税，常州的百姓认为渡过灾荒与好收成都是宋慈带来的，在淳祐元年（1241年）灾荒结束的时候，百姓自发地要为宋慈建生祠。

为一个郡守建生祠，可见百姓是多么的感念。不仅如此，文士们还为宋慈撰文记录。如进士王允升撰的《宋郡侯赈荒记》，建康教授赵若炳撰的《宋郡侯生祠记》等。

《毗陵志》

常州是文风蔚然之处。

当时，谯楼门楣上勒的篆字“常州”是南唐徐铉写的。徐铉的诗、书、文俱佳，他的“常州”二字笔势雄伟，精通相术者说，“常”字轮廓像金钟，“州”字字形像六条龙，二字相叠如金钟覆群龙，是状元接踵而出的吉兆。后来，熙宁、崇宁、嘉定间均有考中状元者。此外常州科第蝉联，人才甲于他郡。南渡前，杨龟山讲道城东书堂，理学之传兴盛，更是士人辈出，人文荟萃。

但是，很遗憾，常州居然没有一部完整的志书。

宋慈想到了一个人：史能之。

史能之当时是常州武进县的县尉。史能之的父亲是史弥巩。

史弥巩和宋慈是同榜进士，两人同样刚直不阿，不事权贵，颇为投缘。

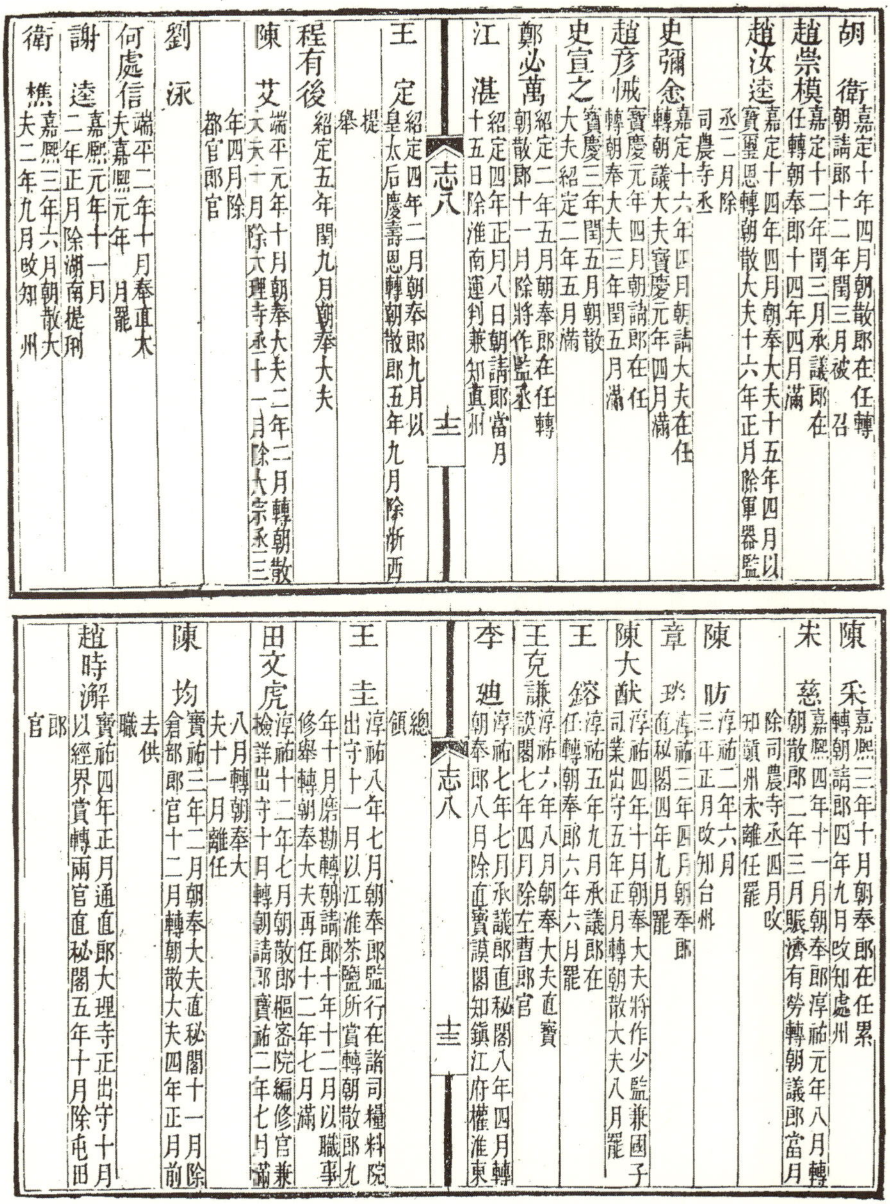

胡衛嘉定十年四月朝散郎在任轉朝請郎十二年閏三月被召
趙崇模嘉定十二年閏三月承議郎在任轉朝奉郎十四年四月滿
趙汝逵嘉定十四年四月朝奉大夫十五年四月以寶璽恩轉朝散大夫十六年正月除軍器監丞二月除司農寺丞
史彌悆嘉定十六年四月朝請大夫在任轉朝議大夫寶慶元年四月滿
趙彥惐寶慶元年四月朝請郎在任轉朝奉大夫三年閏五月滿
史宣之寶慶三年閏五月朝散大夫紹定二年五月滿
鄭必萬紹定二年五月朝奉郎在任轉朝散郎十一月除將作監丞
江湛紹定四年正月八日朝請郎當月十五日除淮南運判兼知真州
志八 十一
王定紹定四年二月朝奉郎九月以皇太后慶壽恩轉朝散郎五年九月除浙西提舉
程有後紹定五年閏九月朝奉大夫
陳艾端平元年十月朝奉大夫二年二月轉朝散大夫十月除大理寺丞十一月除大宗丞三年四月除都官郎官
劉泳
何處信端平二年十月奉直大夫嘉熙元年　月罷
謝逵嘉熙元年十一月二年正月除湖南提刑
衛樵嘉熙三年六月朝散大夫二年九月改知　州

陳采嘉熙三年十月朝奉郎在任累轉朝請郎四年九月改知處州
宋慈嘉熙四年十一月朝奉郎淳祐元年八月轉朝散郎二年三月賑濟有勞轉朝議郎當月除司農寺丞四月改知贛州未離任罷
陳昉淳祐二年六月三年正月改知台州
章琰淳祐三年四月朝奉郎直秘閣四年九月罷
陳大猷淳祐四年十月朝奉大夫將作少監兼國子司業出守五年正月轉朝散大夫八月罷
王鎔淳祐五年九月承議郎在任轉朝奉郎六年六月罷
王克謙淳祐六年八月朝奉大夫直寶謨閣七年四月除左曹郎官
李迪淳祐七年七月承議郎直秘閣八年四月轉朝奉郎八月除直寶謨閣知鎮江府權淮東總領
志八 十二
王圭淳祐八年七月朝奉郎監行在諸司糧料院出守十一月以江淮茶鹽所賞轉朝散郎九年十月磨勘轉朝請郎十年十二月以職事修舉轉朝奉大夫再任十二年七月滿
田文虎淳祐十二年七月朝散郎樞密院編修官兼檢詳出守十月轉朝請郎寶祐二年七月滿
陳均寶祐三年二月朝奉大夫直秘閣十一月除倉部郎官十二月轉朝散大夫四年正月前八月轉朝奉大夫十一月離任去供職
趙時澥寶祐四年正月通直郎大理寺正出守十月以經界賞轉兩官直秘閣五年十月除屯田郎官

《咸淳重修毗陵志》对宋慈仕官的记录

史弥巩（1170—1249），字南叔，号独善，大宋慈16岁。

史弥巩有两个资本，一是他的才华，他好学强记。绍熙四年（1193年）入太学，后来升上舍，是优秀的太学生，然而当时史弥远柄国，他反而因回避而科举不顺，直到嘉定十年（1217年）才考中进士。二来，史弥巩是史弥远的从弟，完全可以依附权贵，但是他不满史弥远所为，不登弥远之门达30年。他走的是与宋慈一样的凭个人能力发展的道路，宋慈知常州时，史弥巩提点江东刑狱。

史能之颇有乃父之风。宋慈对史能之说："《毗陵志》的沿革、地理、物产诸样记录太略了，与常州历史的渊远、人文的鼎盛、物产的丰饶很不相称，能否修订增补？"

史能之接受了重修《毗陵志》的任务。

宋慈是嘉熙四年（1240年）十一月来知常州的，当时是官阶二十二阶的朝奉郎。到了淳祐元年（1241年）八月，宋慈与知婺州的赵与勤、知江阴军的尹焕、知广德军的康植因为济粜有功，各进一秩。如今的宋慈升为朝散郎，官阶二十一阶。

三个月后，淳祐二年的三月，朝廷再次下文，说宋慈赈济有劳，转朝议（请）郎，并于同月除司农寺丞。四月，朝廷文书再次送至常州，宋慈改知赣州，同时附有一封私人信札，宋慈一看，竟然是史嵩之的。

嘉熙四年三月，史嵩之被皇上召回临安，拜右丞相，与乔行简、李宗勉同时行政。史嵩之也想笼络一批能干之才，所以，以京官许诺，询问宋慈的意见。宋慈虽然从未进京任官，但他不满史嵩之的所作所为，便把信札放在一边置之不理，那封信也就永远地被尘封了。

宋慈离开常州时，史能之表示，他会继续纂写《毗陵志》。

25年后，史能之任常州太守，编写《毗陵志》。此书成书于咸淳（1265—1274）年间，是常州留存下来的第一部志书，称《咸淳毗陵志》。

在短短的两年任职里，宋慈为常州积累了米麦3000余斛，镪20万，楮40万。

史嵩之得知宋慈对他的信置之不理，于是将宋慈甩来甩去，最后不知怎的，甩到了广东任提刑官。

第六章

七年提刑官

淳祐二年（1242 年）至淳祐九年，宋慈前后七年担任提刑官一职，他虽然身无寸长，但对于狱案，审之又审，慎之又慎，无丝毫懈慢，这一切都为他写作《洗冤集录》积累了丰富的资料与经验。

早在淳化二年（991年）五月，宋王朝就设置各路的提点刑狱公事掌管所辖地区的司法、刑狱及监察。广南路划为广南东路、广南西路两路后，广东提刑司（又称宪司）就设于韶州，提刑司治所设于韶州的曲江县。

广东提刑

淳祐二年（1242年），宋慈任广东提刑。韶州的曲江县望京楼门气势宏伟，老远就可以望见，是广东韶州的标志。此楼是宝元二年（1039年）郡守常九思修筑的。宋慈远远望着望京楼，时光易逝，恍然之间，已200多年了。由此，宋慈想起先祖宋咸就曾任韶州知州，当时，有图谋不轨的军士戎喜欲叛乱，被宋咸当机立断斩杀，使军乱不成，而戎喜部下也肃然而不敢违抗。

提刑官有节制军事的权力，但广东的摧锋军实际上并不受宋慈号令。

宋慈所在的韶州不平静。

韶州是兵家必争之地。韶州向北可由骑田岭的折岭隘入荆湖南路，东北方向可由大庾岭的梅岭关进入江南西路，它是湖南和江西进入广东的主要通道，有人说它“据五岭之要，当百粤之冲”。而从韶州往南，又直抵广州、惠州，加之本身地形四山壁立，历来都称险峻，就成了历代兵家必争之地。不远处的莲花山下，当年宋太祖遣兵征南汉（当时南汉的辖境相当于今广东、广西）时，也在此经历了一场激烈的交战。

韶州是商贾云集之地。韶州是贯通中原和岭南的商贸要道，各路商人辐辏于韶州，纷纷在城内外开设货栈、商铺、酒楼、客店。加上浈水、武水合流于此，韶州成了粤北重镇，每天客商可达千人，是一座“南来车马北来船，十部梨园风吹尽”的繁华商贸城。大宝山铜场、岑水铜场、灵溪银场、大湖银场、太平铅场、多田铁场繁华之时，一年收购铜银需要的挑夫达10万人。

所以，韶州鱼龙混杂，各色人等均有，加之广东路的海运发达，是朝廷财政的依赖之地，所以官吏重利轻法，不奉公守法，近年积案颇多。

宋慈向朝廷呈奏，要求授权提刑司，事出急迫时，提刑司可以调遣摧锋军士救急。朝廷同意。

宋慈开始处理积案，问题很大，他到曲江的牢狱中查看禁状（狱官登记系囚及狱中事件的资料）、入门款（初入狱的供词）和县款（知县或丞人推讯所得的供词），大惊，很多狱案在州县积压半年以上不能结绝（结案）的，既没依照大宋律令上报监司，也没进一步查案审理；一些现场检验的记录，缺乏规范；许多吏员没有责任心，将检验与追查的重大事项交给一些新任官员或者武职官员去办理，新任官员与武职官员缺乏经验，骤然接手案子，没有具体思路，再加上仵作人员从中欺瞒，办事属员作奸枉法，案情反而越发扑朔迷离，就算一些干练的官员，仅凭着一己之力，再聪明，也难以发挥才智。

宋慈将提刑司各属官召集到签厅，对属官分析了当前各州县的积案情况，决定对于留狱数年而未审结的案子，立即重审；对于不奉法又不秉公执法的官吏，及时纠错追责；并立下条约，以8个月的时间为限，全面解决广东积案。

8个月后，宋慈处理积案200多件，几乎每天处理一个积案。有些疑案，重新审理；有些积案，开棺验尸。为了能对提买扑，宋、元时期的一种包税制度。宋初对酒、醋、陂塘、墟市、渡口等的税收，由官府核计应征数额，招商承包。包商（即买扑人）缴纳保证金于官府，取得征税之权。后由承包商自行申报税额，以出价最高者取得包税权。

刑司的官员进行必要的指导，宋慈开始着手编写一部有关刑狱律令和查勘、检验的书籍，拟名《洗冤集录》。

江南西路提刑

淳祐三年（1243年），宋慈转任江南西路提点刑狱，兼赣州知州。

在赣州境，宋慈遇到了与当年任长汀知县时一样的问题：盐。

盐是动乱之源，必须解决。

赣州人吃的是淮南东路的淮盐。运送路途遥远，盐的质量不好，却价格高昂。赣州的农人，利用农隙时间，武装起来贩盐，盐子们成群结队，越闽至粤，持械剽掠，极大地影响了社会安定。而且从提刑司狱案的死刑案来看，大多也都与私盐贩有关。

宋慈当时想了两个方法。

其一，改变盐法。宋朝食盐销售分为专卖与买扑。专卖为官府控制食盐销售，买扑则以投标方式让私人销售。

所谓买扑，即是官府先出榜文，限定100天内让有意经营食盐的商人前来投状，将承包销售的表格写好，用信封封实，投进竹筒，到了期限，将竹筒中的所有信封开启，其中承包费出价最高的将获得销售权；如果最高出价有相等的，则又按投状顺序给先投状的，这种买扑法可以称“实封投状法”。

还有一种“明状买扑法”，就是投状不再实封，而是将钱数明明白白地写出来，大家都看得清清楚楚，然后将销售权让给出价高的。“实封投状法”就似如今商业上的“暗标”，“明状买扑法”就像“明标”。当然，不管明标、暗标，都要有保金和保人。买扑盐业主要集中在川陕、两浙路和江南西路等地，江西盐也属于买扑。

宋慈想实行专卖，禁绝私卖，这样盗贩者自然就少了。但专卖也有弊病，赣南山远地偏，财力不丰、物力不厚，交通往来不便，食盐运送、配额、销售需要投入大量的人力物力。买扑法的商人为了获利，尽管也会妨害百姓利益，但他们会提防盐子私贩，必然也全心经营，这与官府经营之后可能的效率低下相比，利多于弊。

其二，改变盐区，将淮南东路的盐改为广南东路的盐。

赣州当时用淮盐。赣州与广东毗连，宋慈先前任职的韶州就与赣州相邻，两地仅隔一座大庾岭，运送便利，从广东运送食盐入境只需20天。从淮南东路通州、泰州等地运盐，虽说水路可接，但运盐距离是广东运盐路程的3倍，而且全属逆水行船，成本高。

按理，这是一个好办法。理由有二。其一，淮盐确实问题很多，除了路途远、成本高，还存在运输途中船工、水手盗盐掺沙以获利的情况。其二，广东盐有进入赣州的先例。第一次是元丰四年（1081年），改广东盐入虔（赣），配额是700万斤。第二次是隆佑太后避难虔州时，为了提高虔州的财政收入，暂时将广盐运到虔州。

但是，如果改变盐区，将涉及盐区的利益，这是个受到朝廷关注的大问题，不是一个提刑官就可以解决的。当时，广东

盐进入赣州被斥为新法“重利”的举措，朝廷也在争论，症结是党争。

问题似乎无解，但肯定要解决。

既然买扑法无法改成专卖法，既然广盐无法代替淮盐入赣，那么，维持社会安定、禁止贩卖私盐就成了当务之急。

赣南百姓，以贩盐为业，加上山间游手奇民，来往不定，黥徒匪盗出没无常，私盐贩和盗匪互相往来，剽掠劫盗，各州县吏弓手疲于奔命，各州县百姓受扰不安。

宋慈要维持社会安定，也有办法，就是借兼任提刑职务之便，增加驻军，控制盐贩；一旦发现农隙之际有敲着鼓互相邀请去贩私盐的，就立即捕送官府，以免盐子做大；多设置乡丁枪仗手，农隙习武巡查，以防止奸盗出现。

但这些方法都是以防为主，以官府行动为主，宋慈权衡之后决定实行保伍之法。

每五户为一保，二十五户为一大保，二百五十户为一都保，分别设保长、大保长和都保正，但也不一定限于户数，以区划合理为主。同保有不法之徒或窝藏不法之徒，同保邻人必须及时报告官府；保内的各户人家可以拥有兵仗器械，设置金鼓，安排巡回警戒，如果遇到紧急情况就鸣鼓，遇到身份不明的人出入就讯问；制定鱼鳞簿册，画出居住地的向背、山川的远近，又记录保内各户的长幼姓名、年龄、职业；保内实行同赏同罚……

保伍法实行之后，历来极易动乱的赣州显得和平宁静，朝廷闻知宋慈将一个火药桶般的赣州治理得风平浪静，非常赞叹，将宋慈所行的保伍法推广至浙西。

可是，就在此时，有人非议宋慈的保伍法，说盱江最近出现了些盗民，就是因为保伍法的弊端。因为，行保伍法后，百姓得了训练，教之战阵，很容易用武；而且，万一遇上灾害，保伍之人互相串通，极其容易蜂起响应，反而是作乱的大隐患。保伍之法最大的弊病是，不出盗贼还罢了，一出盗贼，必是大盗。

但此时，一个名叫游似的侍讲官在经筵讲习时，与君王交流此事，并为宋慈辨明了盐法与保伍法的利害关系。

淳祐四年（1244年）冬十月，游似提举万寿观兼侍讲，他深知宋慈所作所为的合理性，于是便利用在君王的身侧讲课的时机为宋慈说话。

游似为宋慈辨明与魏了翁有关。端平三年（1236年），江州督视府解散时，正在魏了翁幕府的宋慈很受魏的器重，魏了翁交待有司，赠送了50两黄金给宋慈做安家费，回朝后，魏了翁多次与游似提到宋慈。

游似，南充人，嘉定十四年（1221年）进士。游似进士及第前，师从魏了翁。魏了翁在嘉定四年任潼川（今四川省三台县）转运判官，游似在潼川听魏了翁讲学；游似中进士后，魏了翁也入京，他们来往更密。一次，魏了翁讲到《易经》"泰卦"的彖辞"内君子而外小人"一句，魏了翁说："第在外而心腹是寄不为外，在内而情意不亲不为内。"游似非常赞赏，魏了翁也颇为自得。

升任丞相后，游似再次想到了宋慈，他决定让宋慈去广西历练历练。

广西提刑

宋慈从建阳的山里出去，现在，又要到莽莽苍苍的广西山中去，六万大山、十万大山……

沙毛钱，是指将正常的钱币剪碎后掺了沙泥重新铸造。

广南西路提刑司设在桂州，但宋高宗赵构登基之前，曾领静江军节度使，所以到了南宋绍兴三年（1133年），就升桂州为静江府，府治就在如今广西的桂林市。宋慈那时，广西的提刑司和其他路的提刑司不一样，广西的提刑司有两处治所。因为广西太大，地形又复杂，嘉定十五年（1222年）时，臣僚上奏说广西所部州军最多，提刑司要特别置办两处办公场所，一处置在静江府，一处置在郁林州，提刑司分上下半年分别在两处办公，使百姓有冤可申。

朝廷准奏。

淳祐六年（1246年），宋慈来到了静江府，他将手头积案快速处理后，就安排开始巡历，既到各州县审理积案，也以此巡看各地，督查各地治安。

静江府风景优美，瘴气却重。蛮溪獠峒，草木蔚荟，虺蛇出没，江水有毒，瘴气易侵，春天三月称青草瘴，四五月间称黄梅瘴，六七月间为新禾瘴，八九月又为黄茅瘴（也称桂花瘴、菊花瘴）。商旅氓隶，各色人等，潮热中远行，加上饮食起居没有节制，每每就会中了瘴气。广西百姓还说有其他的瘴气：“急征暴敛，剥下奉上，为租赋之瘴；深文以逞，良恶不白，为刑狱之瘴；晨昏荒宴，废弛王事，为饮食之瘴；侵牟民利，以实私储，为货财之瘴；盛陈姬妾，以娱耳目，为帷箔之瘴。”

宋慈身为提刑官，正是除人间瘴气而来。

在广西，宋慈办了许多刑事大案，像王元吉这类贼人，假冒功赏，假称制书，结托豪民杨子高，蔑视国法，毒害平民，提高盐价，私铸沙毛钱，简直十恶不赦。

而在疑难案件的侦破过程中，宋慈继续了他《洗冤集录》的律令、案件、验尸、救绝等各方面断案资料的搜集与积累，厘定整理成册。

下半年，宋慈由静江府到了郁林州，在提刑司处理些积案后，照例巡历。

宋慈此次巡历，以寻访边境为主，廉州、钦州、横州、宾州、宜州……广西有许多州是羁縻州，有点像现在的自治区。一天，宋慈巡行到南丹州。南丹州本也是羁縻州，宋开宝七年（974年）七月，南丹的首领莫洪皭纳土归宋，于是，羁縻州废除。宋廷得到南丹州，并不是为了扩大疆域，只希望当地人不犯事不作乱，百姓安居乐业就好，南丹州自归附以来，一直是莫氏世袭的地盘。那时，南丹州刺史是莫光熙。宋慈在南丹州看到了许多与中原传统习俗完全不同的风俗。

广西多矿，宋慈也巡看了广南西路的各坑矿。广南西路铜、锡、金矿都有，逶迤连绵的山中，朝廷也设了监察判官监察各处金坑，宜州、邕州、横山、田州……各峒金坑的监官往往会有所勒索，引起峒丁不满，常反抗。南丹州早在元丰（1078—1085）年间，就因出产朱砂（又称丹砂），又有金铜各坑，民风又颇不同，教化极少，且处兵家之地，自杞国、罗甸国，再远的大理、罗氏鬼国，都对其有觊觎之心。

宋慈加快巡历的步伐，他必须及早赶到邕州，一来了解广西的马市，二来维持邕州的治安。

邕州的横山寨是专门进行马匹交易的场所。横山寨名以境内山势蜿蜒横列而得名。横山寨这一交易场所在宋代称为博易场。博易场是巨大的商品交易买卖、聚集流转的基地。

横山博易场是“马市”。宋慈身为提刑，必须负责马市交易的安全，有缉捕盗贼的职责。

自从高宗南渡以来，北方马源断绝，之前，战马向来仰赖于西北。如今，战马来源中断，便转向西南购买云南马。绍兴三年（1133年），专设提举买马司于邕州，置提点买马经干一员，下隶左右二提举官，常驻横山寨，专门负责买马。右江提举负责量马、买马；左江提举负责入云南境接马。又置巡检一员，也驻横山寨，负责率甲兵到广西边界警护云南商人入境。知寨、主簿、都监三员则共同筹划，管理买马经费。

马市的交易在冬季，大理、自杞、特磨、罗甸等国的商人将马赶到边境，此时，左江提举已出境接马，巡检与甲士护送马匹进入广西泗城州（特磨道与自杞国附近，横山寨西北方向），再赶马至横山寨。邕州知州和买马经干等人也带着货物、钱币前往横山寨。交易开始，右江提举与番国头领坐在庭上，负责量马的六校博易和番国贩马者测量每一匹马，判断马的优劣，然后进行交易。此地的其他贸易也很发达，番国的特产主要有麝香、胡羊、长鸣鸡、披毡、药物、云南刀等等，宋朝的对外贸易则主要是茶叶、盐、瓷器、铜器、书籍、丝绸等等。

马市交易结束，治安维护工作也算是结束了，宋慈继续巡历。宋慈将广南西路行走一圈，淳祐七年（1247年）初，他又回到了静江府的提刑司，并开始进入《洗冤集录》的后期整理工作，同时也将此次边境之行的一些感悟写了出来。

开阃，将领开置府署，掌管一方的军务，因是枢密使开府，府署也可称大使行府。

湖南提刑

不久，朝廷文书下来，要他去湖南上任，仍提点刑狱司，贴职是直秘阁，朝廷任命他为直秘阁意味着对他的尊宠。

等他到了湖南，陈韡也来了。宋慈与陈韡都没想到，多年后，他们会相逢于湖南。

当时，陈韡知枢密院事、湖南安抚大使、知潭州，同时，节制广西军事。陈韡以元枢（枢密使）的身份开阃。

宋慈的提刑司治所在衡州衡阳郡。但陈韡不放过宋慈，辟宋慈为参谋。

此次到湖南，陈韡虽然为湖南安抚大使，却同时还节制广西军事，恰好宋慈在淳祐六年（1246年）已在广南西路巡历了一圈。于是，陈韡让宋慈将考察的广西边防事宜一一写下，并上奏朝廷。这倒正合宋慈之意。

宋慈写出表文后，陈韡将宋慈写的表文与他自己举荐宋慈的表文一同上奏理宗。

理宗亲笔给陈韡回复信札：

宋某所陈，确实可用。若能悉意助卿，保厘南土，旌擢未晚。

第七章

鹿鸣宴和释菜礼

天将造榜放秋晴，南国新逢运会亨。
障碍洞开来试者，计偕稳送上华京。
主人况是梅花宋，寓客渐非日色程。
面见河南已分晓，伫聆魁捷响仙城。

一天，陈韡急急叫来宋慈，对他说据情报，鬼国进逼南丹州，宜州的知州请求出兵援助，并向宋慈寻求处理办法。

鬼国是指罗氏鬼国。

先前，南方部落有个卤氏，后来被读成罗氏。他们世居罗邑山中，擅长伐山通道。罗氏聚族而居。三国时期的蜀汉建兴三年（225年），诸葛亮南征。罗氏首领济火帮助诸葛亮伐山开路，又纳献军粮，协助诸葛亮平定南方，收服孟获，因此被封为罗甸国王。罗甸国后来进驻慕俄格（位于今大方县）。罗氏居住地在鸭池河的西面，所以，也称水西罗氏。罗氏尚鬼，每一百家就推举一位小鬼主，一个部落就推举出一位大鬼主，首领称为都大鬼主，自称罗王。后来，刚额被推举为部族首领，他自号罗氏鬼主，与南面普里部的罗甸鬼国相区别。而罗甸鬼国，其实已融入大理国，成为大理国的普里部了。

宋慈拿出他巡历广西边境时绘制的地图，指着地图说："宜州的西北，是普里部，归附于大理，以前是罗甸国；普里部的西北，便是罗氏鬼国。罗氏鬼国东南面是大理的普里部，南面是自杞国，再南是特磨道。如果鬼国要攻击东南面的南丹州，需要借道大理，或往南再借道自杞国，鬼国是无法挥兵直指南丹州的。"

事实证明宋慈的推论是正确的，鬼国进攻南丹州的情报纯属捕风捉影的误报。

宋慈的《洗冤集录》此时也已编好，他对陈韡说："我一直担任提刑司官员，虽然身无寸长，但对于狱案，审之又审，慎之又慎，不敢有丝毫懈慢。如今，依据律令，我拟好纲目，参以自杀他杀的检验，并搜集校订《内恕录》《折狱龟鉴》等几家刑狱的书簿，再参照我自身的实践经验，编了一部《洗冤集录》，供同行参考，指导狱事的检验，以达到洗冤泽物的目的。"

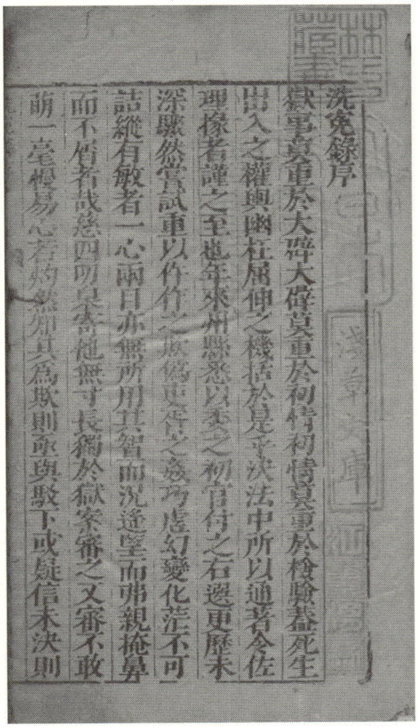

洗冤錄序
獄事莫重於大辟大辟莫重於初情初情莫重於檢驗蓋死生
出入之權輿幽枉屈伸之機括於是乎決法中所以通著令佐
理掾者謹之至也年來州縣悉以委之初官付之右選更歷未
深驟然嘗試重以仵作之欺偽吏胥之姦巧虛幻變化茫不可
詰縱有敏者一心兩目亦無所用其智而況遙望而弗親掩鼻
而不屑者哉慈四叨臬寄他無寸長獨於獄案審之又審不敢
萌一毫慢易心若灼然知其爲欺則亟與駁下或疑信未決則

明末刊本《洗冤录序》

陈韡让宋慈将书稿拿到大使行府，由大使行府出资付印，并说印成之后他将献书朝廷以达到惠泽天下的目的。

宋慈又拿出一本书，是崇安五夫的“五夫子”之一胡致堂（胡寅）编的《叙古千文》，这本书，当年夫子朱熹也是极力推崇的。

陈韡说，也一并刊刻，付与学宫，让后生多多学习。

刊刻《洗冤集录》《叙古千文》的时候，宋慈也破了好几宗大案要案。一个叫扶友嵩的盗贼，曾经抢夺江州统领官陶俊的官印，聚众起事，带领乱民，攻入永新城。宋慈到湖南任提刑的时候，扶友嵩居然成了官府人物了。有了官员身份的扶友嵩仍然在做强盗般的戕害百姓的事。宋慈将扶友嵩捉拿归案，审清案情后，将其决军杖一百，拘锁飞虎寨，永不疏放。

因为陈韡的举荐，宋慈在湖南不太久，就被提拔到广东上任。

广东经略安抚使

淳祐九年（1249年）三月，朝廷拔擢宋慈和李曾伯为经略安抚使。十九日，三省同奉圣旨行下：

> 宋慈除直焕章阁，知广州，主管广东经略安抚司公事；李曾伯依旧焕章阁学士，知静江府，广西经略安抚使。

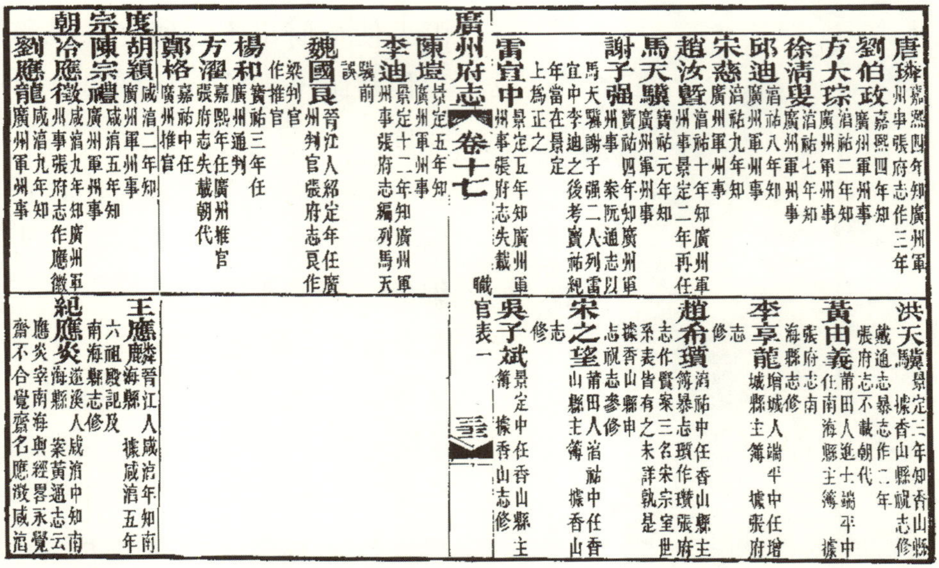

廣州府志 卷十七 職官表一

唐璘 嘉熙四年知廣州軍州事張府志作三年
劉伯政 嘉熙四年知廣州軍州事
方大琮 淳祐二年知廣州軍州事
徐清叟 淳祐七年知廣州軍州事
邱迪 淳祐八年知廣州軍州事
宋慈 淳祐九年知廣州軍州事
趙汝暨 淳祐十年知廣州軍州事景定二年再任
馬天驥 寶祐元年知廣州軍州事
謝子強 寶祐四年知廣州軍州事案阮通志以馬天驥謝子強二人列雷宜中李迪之後考寶祐紀年當在景定上為正之
雷宜中 景定五年知廣州軍州事張府志失載
陳塏 景定五年知廣州軍州事
李迪 景定十二年知廣州軍州事張府志編列馬天驥前誤
魏國艮 晉江人紹定年任廣州判官張府志艮作梁判官作推官
楊和 寶祐三年任廣州通判
方濯 嘉熙年任廣州推官張府志失載朝代
鄭格 嘉祐中任廣州推官

度宗朝

胡穎 咸淳二年知廣州軍州事
陳宗禮 咸淳五年知廣州軍州事
冷應徵 咸淳九年知廣州軍州事張府志作應徵
劉應龍 咸淳九年知廣州軍州事

洪天驥 景定三年知香山縣據香山縣祝志修戴通志暴志作二年張府志不載朝代
黃由義 莆田人進士端平中任南海縣主簿據張府志南海縣志修
李亨龍 增城人端平中任增城縣主簿據張府志修
趙希瓀 淳祐中任香山縣主簿暴志瓀作瓀張府志作賢案三名宋宗室世系表皆有之未詳孰是據香山縣申志祝志參修
宋之望 莆田人淳祐中任香山縣主簿據香山志修
吳子斌 景定中任香山縣主簿據香山志修
王應麟 晉江人咸淳年知南海縣據咸淳五年六祖殿記及南海縣志修
紀應炎 遂溪人咸淳中知南海縣案黃通志云應炎宰南海與經畧永覺齋不合覺齋名應澂咸淳

《广州府志》对宋慈仕官的记录

安抚使是一路的最高行政长官，掌管一路兵事、民事，能够“便宜行事”，宋慈“直焕章阁”的品级不够，所以称“主管广东安抚司公事”。宋慈接到任命的札子，便赶紧到潭州的大使行府向陈韡告别，以感谢陈韡的知遇之恩。

接到任命后，宋慈辗转到了广州。宋王朝建立的时候，在广州设立全国第一个市舶司，负责与海外番国的贸易往来。宋室南迁后，统治区多在水乡，临安、建康、平江、扬州、温州、明州、泉州、广州、赣州等地都设有官办造船工场，都能造大船，但广州制造的广舶最出色，可漂浮到南海的南面，船像巨大的房屋，帆像垂天的云，舵长数丈，一船可容纳几百人，船中可积一年粮食。

广东安抚使的职责很重，安抚使也有司法权，又节制本路军队，要处置兵将、处置边防、处置与番国的贸易，与提刑官很是不同。

宋慈是嗅着春末的花香到广州的。

那时的广州，贸易发达，香花制的香料已成为重要的经济产品。

大食（阿拉伯）人来到安抚司，他们带来了他们制的“蔷薇露”。蔷薇露是琉璃缶装着的，如果打开，洒一些到衣袂，香味可以经久不散。广州郊外也有种香花、制香料，虽然大食人的蔷薇露更香，但大宋的香更纯，商品各有所好，自然互通有无。大量的番客进入大宋，主管广东安抚司的宋慈必须介入管理。

宋慈身兼两职，既是广州知州，又主管广东经略安抚司，担子很重。

番人有专门的生活区——番坊。

番坊设有“番长司”，长官是“番长”。番长由番人担任，有官衔，有官服，管理番坊中的公事。番人如果犯小罪，则由广州知州核实后送番长处理，宋慈稍稍介入即可；如果番人犯了重罪，就全权交广州官府决断，完全是宋慈的事了。

番坊有些商人是来向宋王朝进贡的。番商赍表进贡朝廷，进贡数量很多，有一次，进贡记载是：

> 大片龙脑一家底（家底是计量单位，为二十两），第二等的龙脑八家底，第三等十一家底、米龙脑二十家底、苍龙脑二十家底，凡一家底并二十两。龙脑版五、玳瑁殻一百、檀香三橛、象牙六株。

按照朝廷规矩，为了以示大国怀远，凡是进贡物品，朝廷鹿鸣宴，科举制度中规定的一种宴会，起于唐代，明清延用，于乡试放榜次日，宴请新科举人和内外帘官等；宋代殿试文武两榜状元设宴，同年团拜，亦称“鹿鸣宴”；也是古时地方官祝贺考中贡生或举人的“乡饮酒”宴会。

都会按市场价格估算，然后添价回赐，再加上赐给国王的礼物以及对使节的赏赐，番国进贡是只赚不赔。朝廷回赐是为了招徕外夷，怀柔远番，经略安抚使宋慈也有责任处理好番商的关系，稳定贸易。

宋慈身为知州，也有招徕外夷、怀柔远番的责任。每年，广州知州都要设宴招待番使。宋慈也一样依例而行。宋慈和市舶司一起摆宴席。宴请大食、古逻、阇婆、占城、三佛齐、沙里亭、丹流眉等各番国的进奉使。宋慈以官府的身份，代表着宋王朝和番商联络情感，以促进贸易，增进宋王朝的财政收入。

鹿鸣宴

眨眼，淳祐八年（1248年）八月，广州府发解试开始了，这是朝廷选拔人才的重要途径。身为地方官长，为朝廷选出才俊之士也是职责所在。

八月五日，锁院。受诏（接受朝廷任命）的考官进入贡院（考场）并切断了与外界的联系，他们要直到录取名单公布才能离开贡院。

十五日，开始引试。引试就像政审，考官坐在帘后，按什伍相保的规矩，考官先问各保人，一旦发现考生有大逆的亲属、有不孝不悌的行为都不能参加考试。核对明白后，才能参考。

引试之后再行考试，一个月后，考试结束。

考试结束，成绩公布，宋慈得准备一场宴会——鹿鸣宴，庆贺考中的举子，也欢送他们进京，祝愿他们能金榜题名。宋慈的好朋友李昴英的儿子也参加了此次考试。

那段时间，李昴英正赋闲在家。

李昴英的儿子李志道这次州级考试领乡荐（解元试中试）。

那一年，宋慈的儿子宋秉孙参加省试及第后，暂时没任职，也到了广州。

鹿鸣宴的时候，宋慈、宋秉孙父子，李昴英、李志道父子都参加了。

鹿鸣宴的主人宋慈的工作量很大。

他要带着僚属站在学宫门前迎客，等到执事者见到尊贵的客人来了，唤一声“宾至”，宋慈一行便从门侧趋步上前，作揖，然后随客人入明伦堂，再各居东西三揖三让，如此重复迎客。众宾客来后，司正举酒道：“恭唯朝廷率由旧章，敦崇礼教，举行乡饮，非为饮食。凡我长幼，各相劝勉：为臣尽忠，为子尽孝……”众人饮酒举箸，同时，鼓瑟吹笙，吟《诗经·鹿鸣》三遍。

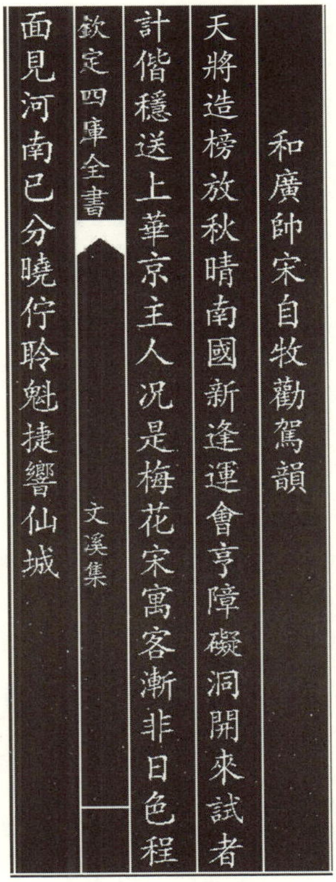
和廣帥宋自牧勸駕韻
天將造榜放秋晴南國新逢運會亨障礙洞開來試者
計偕穩送上華京主人況是梅花宋寓客漸非日色程
欽定四庫全書 文溪集
面見河南已分曉佇聆魁捷響仙城

李昴英唱和宋慈的诗《和广帅宋自牧劝驾韵》

乡间的耆老、中榜的群英、州府的僚属聚集，喜气洋洋。文人相集，自然要吟咏，身为广州知州的宋慈是一定要写诗的。宋慈赋了一首后，李昴英唱和一首《和广帅宋自牧劝驾韵》。

天将造榜放秋晴，南国新逢运会亨。
障碍洞开来试者，计偕稳送上华京。
主人况是梅花宋，寓客渐非日色程。
面见河南已分晓，伫聆魁捷响仙城。

“主人况是梅花宋”说的是写《梅花赋》的宋慈祖先宋璟。

鹿鸣宴后，李昴英听说宋慈的儿子宋秉孙在研习《周礼》，特别写了一首《赠宋省元巍荐经义》诗勉励这位后生。

义和传来见一班，少年笔力老孱颜。
根源有学皆堪味，首尾无瑕孰敢删。
工要前篇人易取，说须两段意相关。
森森天骨晶光缥，去必轩腾十二闲。

宋慈将在湖南刊印的《叙古千文》也带到广东来了，并让广东学宫又刊刻一遍。淳祐九年（1249年）正月初一，李昴英阅读《叙古千文》时，深有感触，他在书后写了一段话：

文定胡公潜心春秋四十余年而后徐出其说，致堂其亲传，故笔削皆有法，叙古字凡千，不重，虽饮席间谈笑成之，而上下数千载，关系大处，包撮略尽，兴君昏主之理乱，哲佐悖臣之功罪，吾道异端之正偏，一字森严，百世确论，不但可以习童稚而已，古千文猥陋不伦，乃盛行于世俗，盖未知有此作也。其书一经朱文公表揭，遂传广帅，宋公慈里两翁之里，学两翁之学，既梓之衡阳，又梓之广之泮宫，自此流布天下，人人得讽释菜礼，又作“舍菜”“释菜”，是古时读书人在入学时所行的一种典礼，即用小芹、韭菜花、红枣和栗子等菜蔬祭奠先贤。敬奉给老师，以表示从师学艺。

咏，有功于人心多矣，南岳之高，南海之深，不泯不磨致堂之心。淳祐十年月正元日后学李昴英书。

宋慈刊印《洗冤集录》后，陈韡向理宗进献此书，理宗深感此书对于狱案的实用，下令颁行天下。宋慈深受感动：一位官员断案洗冤，是还真相于大白；一位地方长官，也可以通过推行教化，使百姓人人为善，如此，则世间自然没有冤情。

宋慈开始重视教化。他在广东刊印《叙古千文》便是为了这一目的。李昴英也说，《叙古千文》刊印之后，人人都能够讽咏，确实可以有功于人心。

释菜礼

正月里，宋慈又在着手另一件事了，他将在二月初一，到学宫去举行释菜礼。

释菜礼是祭祀圣贤和先儒的礼仪。

淳祐元年（1241年），朝廷下诏，以周敦颐、二程、张载、朱熹五人从祀学宫。宋慈想到在考亭的时光，那时二程学术、朱熹学说被打成了伪学；如今，夫子朱熹终于得到帝王的认可了。朝廷重视文治，推行教化，而身为广东的长官，更要让当地百姓明人伦、重学问。绍熙五年（1194年）十二月，宋慈8岁的时候，朱熹的竹林精舍建成，那天，夫子就带领各位门生举行释菜

礼，朱熹认为这种礼仪可以“正道脉而定所宗”。

为了准备释菜礼，整个正月，宋慈都很忙。

既要准备樽、垒、豆、洗、爵、坫、篚这些祭器，还要准备牲物和酒米，还得排演释菜礼的舞蹈与演奏。除了宋慈主祭，还要选亚献、僎、宾、介、赞等不同角色。

释菜礼通常在二月的上丁日举行，上丁日是第一个丁日。淳祐九年（1249年）的第一个丁日是二月初一。

二月初一，宋慈半夜子时就到学宫。

学宫中，灯烛堂皇。

主宾全都聚集到学宫前，众人从持敬门进入学宫，东西相向，列队在大成殿内。宾主、儒生、观礼者整齐站着，一丝不苟。

仪式过程中，笔直挺立、保持庄重的宋慈要不断地行走跪拜，仪式结束，还要向宾客敬酒并与观礼者宴饮，宴饮结束，宋慈支持不住，全身疲乏。

宋慈之前就身患末疾（一种四肢的疾病），两手发软，不能持举东西，脚也时有发软。当时，属官都建议宋慈请其他人代行释菜礼。宋慈坚持自己前去，要教化百姓，自然要身体力行。释菜礼后，宋慈病倒了。一个月后，三月七日，宋慈逝于广州州治。

身后事

宋慈去世那日，李昴英闻讯赶来，逝者已矣，李昴英帮着料理

宋慈纪念园的碑亭

后事，并为宋慈写好了行状。

这时候的朝廷，已渐江河日下。

然而，江河日下的南宋王朝宋慈看不到了。

一年后，穴地找好，理宗御书的宋慈墓门文字也派人送来了，理宗还寄了封信，说宋慈是能够分担国家内外忧患的大臣，是能够辅佐国君筹划大事的士人。

七月十五日，宋慈安葬。

但是，墓志铭依然没有题写。

十年之后，宋慈的儿子宋秉孙找到刘克庄，对刘克庄说："先君的交游多已飘零，墓志铭除了先生还有谁能写呢？"并将李昴英写的行状给了刘克庄。刘克庄时已73岁，他想起建阳，想起建阳当年年轻的宋慈，想起宋慈去世已恍然10年，于是提笔写下一篇长长的墓志铭，后人了解宋慈就是首先从这篇墓志铭开始的。

宋秉孙将刘克庄的墓志铭刻好，立于宋慈墓前，点上香，

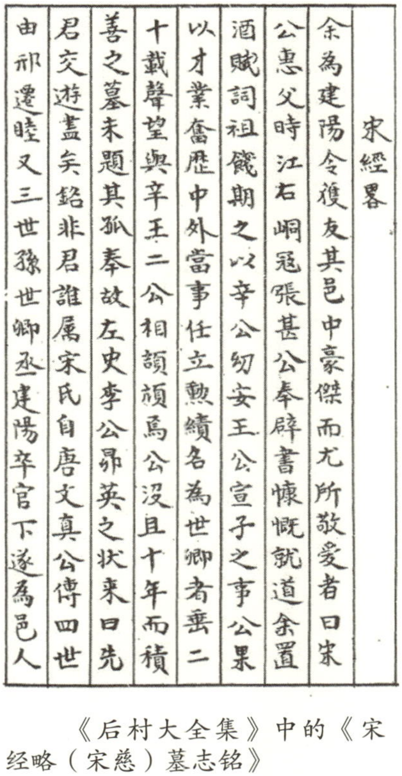

宋經畧

余為建陽令獲友其邑中豪傑而尤所敬愛者曰宋
公惠父時江右峒寇張甚公奉辟書慷慨就道余置
酒賦詞祖餞期之以辛公幼安王公宣子之事公果
以才業奮歷中外當事任立勲績名為世卿者垂二
十載聲望與辛王二公相頡頏焉公没且十年而積
善之墓未題其孤奉故左史李公昴英之狀來曰先
君交遊盡矣銘非君誰屬宋氏自唐文真公傳四世
由邢遷睦又三世孫世卿丞建陽卒官下遂為邑人

《后村大全集》中的《宋经略（宋慈）墓志铭》

默默地祭奠父亲的在天之灵。几乎同时，朝廷的任命状来了，任命宋秉孙为建宁知县。

宋慈墓

不久，宋朝灭亡。

元代科举考试的时间很短，福建参加科考并考中进士的人极少，南平更少，只有15人；元代的建阳则只有1人，名叫宋峦。宋峦，字仲山，嘉靖《建阳县志》记载宋峦为至正八年（1348年）王宗哲榜进士，官至浦城令，此外，志书还明确写着“慈之孙”几个字。

宋慈的孙子是元代建阳唯一的进士。

宋慈家族的故事到了宋峦就极少记载了。要了解宋慈，主要就是凭借刘克庄写的《宋经略墓志铭》。

《宋经略墓志铭》洋洋洒洒2000多字，让我们得以回望当年四任提刑官的宋慈旧事。

刘克庄撰写墓志的最后一句话是：

嗟后之人，勿伤其宰上之木也。

因为宋慈的地位与荣耀，他的墓地不只是一个坟头，而是一片墓田。墓田在宋代普遍存在，而且，墓田是不要租税的，同时，出于保护私有财产的目的，宋朝的墓田不得随意买卖交易。

《宋会要辑稿》规定：墓田及田内林木、土石不许典卖及非理毁伐，违者杖一百，不以荫论。所以，“勿伤宰上之木”还有一层意思，就是希望后代能继续有宋慈的荣光吧！

70多岁的刘克庄，也许那时，想想自己也已时日无多，寄言后人就多了一番对世俗的劝诫。

補註洗冤錄集證

寶鑑編附後

粵東省署藏板

欽定四庫全書子部目云洗冤錄二卷永樂大典原本宋人宋慈撰慈字惠父始末未詳是書自序題淳祐丁未結銜題朝散大夫新除直祕閣湖南提刑充大使行府叅議官序中稱四權臬司於獄案審之又審博採近世諸書自內恕典以下凡數家薈萃釐正增以已見為一編名曰洗冤集錄刊於湖南憲治後來檢驗諸書大抵以是為藍本而遞相考究互有增損則不及後來之周密也夫洗冤錄一書入官佐幕者無不肄習而於書之來歷則未之知也故特標於卷首

重刊補註洗冤錄集證卷一

武林王又槐蔭庭氏增輯　山陰李觀瀾虛舟氏補輯

殳山孫光烈臨川氏參閱　會稽阮其新春畬氏補註

武林王又橒鳳偕氏校訂　元和張錫蕃鶴生氏重訂加丹

檢驗總論

此章專論檢驗未死以前既死以後初死之屍應檢之屍分為四項

事莫重於人命罪莫大於死刑殺人者抵法固無恕施刑失當心則難安故成招定獄全憑屍傷檢驗為真傷真招服一死一抵俾知法者畏

第八章

洗冤惩恶

狱事莫重于大辟，大辟莫重于初情，初情莫重于检验。盖死生出入之权舆，幽枉屈伸之机括，于是乎决。

宋慈四次担任提刑，行遍广东、江西、广西、湖南四路，深入山间田头，或洗冤或惩恶。“属部官吏以至穷闾委巷、深山幽谷之民，咸若有一宋提刑之临其前”。其实，任提刑官前，宋慈任长汀知县的时候，就平了一些冤狱了。

谋杀新郎案

长汀前任知县性子急，宋慈上任，翻看旧时狱案的卷宗，见到一起新娘在新婚之夜毒杀亲夫的案件，总觉得疑点重重。

第一次任一方长官的宋慈皱起了眉头，人命关天，不能放过任何一个疑点，当官要为民做主，要给地方百姓主持公道，要还乾坤朗朗。宋慈决定开棺验尸。

验尸的现场烧起苍术、皂角。苍术、皂角的烟气升起，一股浓烈的气味渐渐掩盖住了尸臭。

开始验尸。

仵作用银针检验尸体，银针变黑，新郎是中毒而亡。开棺的时候，在场的人都闻到了棺内新郎的尸体散发出的一股奇怪腥味。

宋慈不明白尸体散发的奇怪腥味究竟是什么，仵作也犯疑而不能判定。宋慈招来医局的几位郎中，他们判断疑似蛇毒的腥气，而且极似金钱白花蛇的毒液气息。汀州的湿气重，金钱白花蛇是祛风湿的良药，有许多的蛇医会捕来炮制中药。宋慈讯问新娘时，新娘称新婚之夜新郎舌头不听使唤、全身发绀。郎中和宋慈都意识到，新郎分明是中了金钱白花蛇的毒。县尉又告知宋慈一个消息：新郎暴毙于子夜，而第二天早晨，乡民便发现村头不远的一口鱼塘中的鱼全死了。

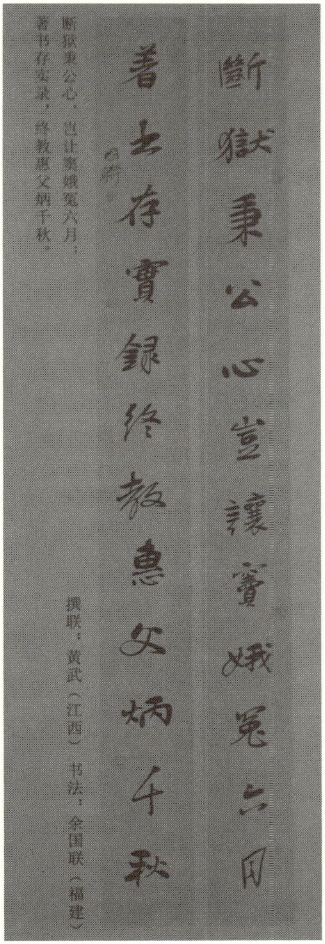

纪念宋慈诞辰830周年作品

宋慈带着役吏兵卒随县尉到鱼塘前，唤人放完塘水，再到塘中细细寻找是否有异常。果然，发现一个瓷瓶。当地的吏人认得此瓶，这种精致的瓷瓶常被百姓用红布缠着，钉在村口的树上，用于招魂；医局的郎中也认得此瓶，城东的捕蛇人龚三到医局来卖金钱白花蛇时，正是用这种瓷瓶装蛇毒。

金钱白花蛇的毒液，白色、黏稠、有腥味……中毒后，四肢乏力，口不能言，身体发绀，尸体以银钗探测为青黑色。所有的迹象都表明龚三有重大嫌疑。

宋慈迅速带人搜查龚三家。果然，在龚三家搜出同样的瓷瓶。宋慈拿出从龚三家搜到的瓷瓶，仵作和现场参与验尸的人都确认瓶中毒液气味与新郎棺内的气味极其相似。宋慈又拿出鱼塘中找到的空瓶。龚三见此，无话可说，承认是因为贪图新娘的美貌而用金钱白花蛇的毒液杀害新郎。

龚三觊觎新娘的美貌，起了杀心。新郎成婚那日，他与新郎对饮，其实就已下毒，他料定新郎在子夜将毒发身亡。新郎回洞房后，他也半醉着回家，顺便将装蛇毒的瓷瓶往鱼塘里一丢，不想瓶塞滑出，竟将鱼塘的鱼毒死了。

新郎是孤儿，一直是婶娘带大。婶娘以为是新娘下毒，告到官府，差点酿成了一桩冤案。

好险啊！如果宋慈不复查，如果检验不够仔细，那新娘就要被判死罪，凶手就会逍遥法外。生为地方长官，掌管司法，有生杀予夺的权力，不得不慎重啊！宋慈自知县起就开始研究大宋律法，任提刑官后更是注重检验勘查。后来整理出《洗冤集录》一书，书中“自序”的第一段便是：

狱事莫重于大辟，大辟莫重于初情，初情莫重于检验。盖死生出入之权舆，幽枉屈伸之机括，于是乎决。

意思是，在各个案件的审理中，最严重的判决就是死刑判决。给一个犯人判处死刑，最重要的就是要勘查清楚案件的真实情况。要勘查清楚案件的真实情况，最重要的就是认真地检验和细致地分析。因为人犯的生和死，断案的对和错，冤屈是伸张还是错铸，全都取决于检验勘查的结论。

官员敲诈勒索案

宋慈断案一丝不苟，审案从不马虎，检验细致认真，担任提刑官期间，断了许多疑案，也判了许多大案。

淳祐三年（1243年），宋慈任江南西路提点刑狱兼赣州知州。一天，他在提刑司阅读几份开拆司（提刑司收取诉状的部门）送来的案卷，他拿过一份状纸，是以唐自如为第一诉讼人的告状信，除了唐自如本人，唐自如的父亲和儿子都在状纸上签了歪歪扭扭的字并按押了鲜红的指印。

唐家三代人共同状告唐梓。

此案明显有两个疑点：其一，唐自如是雩县人，按理，他们该在雩县告状，告到赣州的提刑司就意味着越诉。按照宋代的法律，“诸越诉及受者各笞四十，若应合为受，推抑而不受者笞五十”。就是说如果越诉，告状的和受理的都要受到鞭笞四十的刑罚；如果确实有冤情不能在当地申诉的，相关司法部门应该受理却以越诉为由拒绝受理的则要受到笞五十的刑罚。越诉，有可能不被受理，也有可能受罚。没有特别的冤情不会越诉。其二，被告人唐梓身份不一般，他是零县的巡检。

那此案必有冤情了，宋慈再细细往下看，白纸黑字写着：唐梓霸占唐自如的房产，却反而诬蔑唐自如通奸，唐自如被割去双耳，本想到县衙上诉，却害怕官官相护，所以越诉到提刑司，请提刑司主持公道。

宋慈的提刑司迅速介入调查。

零县巡检唐梓果然把持公事，欺压良民，作恶多端，令人发指。

唐梓受人白词。白词就是没有加盖书铺印章的告状信。宋代的告状信都要由书铺书写。书铺类似于公证单位，类似于担保人，如果没经过书铺书写的告状信就被称为“白词”。白词是不能受理的，因为随意撰写的白词，极可能是诬告。而唐梓正是为了达到谋人财产的目的，故意让人随意撰写状词，去诬告他人。

唐梓和唐自如是邻居。唐梓看中了邻居唐自如的房子，为了夺取房子，唐梓找人杜撰了一份白词，捏造唐自如和婢女通奸的事情。大宋律法规定：“诸奸者徒一年半，有夫者徒二年。”如此，唐自如则有可能受到两年徒刑的处罚。唐梓拿了诬告的白词开始发难，他根本不管大宋律法规定的“两年徒刑”，竟然对唐自如动刑，割去唐自如的双耳。唐自如被囚禁期间，唐梓授意狱卒，用醮湿的牛革巾蒙住唐自如的脸，牛革巾湿的时候可以自由呼吸，等到慢慢变干，呼吸会越来越困难，直至无法呼吸。唐自如在近乎无法呼吸、双眼充满恐惧的情况下被迫签下了欠唐梓钱

财、愿意以屋业抵押的字据。唐梓满意了，他将唐自如一家大小全部撵出家门，终于实现了霸占唐自如屋业的目的。

唐梓不仅仅诬告唐自如并霸占他家的产业，只要有利可图，他就肆意加害他人，巧取豪夺。

唐梓诬告唐正二在灾荒发生时的救灾之日闭粜（不卖余粮），捉拿唐正二，唐正二只得出钱400贯了事；唐梓诬告蒋十七藏匿包庇私盐贩子，又敲诈得手500贯钱；唐梓诬告染坊的工匠蒋四六偷盗染坊的罗绮布匹，骗得67贯钱；唐梓谎称上级缉拿人犯的文书下到县里，要追拿蒋四六。蒋四六被捉捕后，唐梓要他出赎钱，骗得十八界官会（南宋的纸币）300贯……

唐梓还有一个违法犯罪的小集团，他的儿子唐百一、唐百二，以及他的属下蒋百二这三人，凡是捉拿平民、欺负百姓的事，他们都充当急先锋，虚张声势，助纣为虐；还有，赵秀本是官妓，唐梓用不义之财为她脱籍。脱籍之后，唐梓娶了赵秀为妻，凡是赃款赃物都由赵秀收掌。

巡检唐梓是雩县张知县的小舅子。

唐自如确实害怕官官相护，所以越诉至提刑司。

宋慈大怒，岂有此理，王法何在？

经过一番部署后，宋慈迅速拿下唐梓和他的帮凶，审查，复核，最后签押判决：

唐梓决脊杖二十，刺配广南远恶州军，仍籍没家财，永锁土牢不放。

唐百一、唐百二各决脊杖二十，配一千里，并永锁。

蒋百二决脊杖十七，配一千里，监赃。

赵秀决脊杖十二，押往南安军，与戍兵射给多中者为妻。

然后，又写下判案词：

唐梓撰造百端词讼，骗夺一方善良，贪虐甚于豺狼，凶暴烈于虎豹，公吏唯所号召，州郡为其控持。今狱官所勘，法官所拟，仅得其一二尔……若不杀草除根，必至养虎遗患。原其积恶，虽万死不足赎，若更诛心，尤三尺所不容，姑照今法官所定常刑，不欲于平世更施重典。引上照断，仍报奉司，请备榜晓示。

慎刑爱民

在提刑司任上，宋慈发现各地有相当多的案件堆积没有及时处理，虽然也有些是案情诡怪难以一时破案的，但更多的是诉讼不规范：或者有特别喜欢打官司并想通过打官司牟利的人在搅局，或者有白词诬告，或者州县拖沓受理……老百姓被一些借打官司牟利的炼成了刁民；司法官则被整得焦头烂额，行政效率低下。

决不允许借官司闹事，胡乱诉讼，扰乱司法。

宋慈对诉讼人的白词、诉讼人的越诉、书铺的规范等问题进行了全面的管控。

首先，约束书铺和书铺中写状词的人。

书铺是书写状词的机构。书铺中写状词的人必须持有官府发给的书铺印章，明确刻上“某坊巷或乡村居住写状钞人某人官押”字样。状词写好后，必须在落款的年月前印上书铺的印章，这样，状词就包括了三个方面——公证处（书铺）、担保人（写状词的人）、诉讼人。如果状词造假或者诬告，三方都有责任；书铺如果提交白词，即写状词不用印章，则追回官府所发的印章；书铺如果有意颠倒黑白，扰乱官司，也一样追回印章。

写状词的人在宋朝叫“茶食人”，他们不属于官府，不拿官府的俸禄，他们靠写状词收取诉讼费用而生活。开书铺的书铺户就属于茶食人。

其次，官府只受理有书铺印章的状词，各州县不得接受白词。

最后，各类伤人、偷盗、匪乱的诉讼案在州县三个月没有结案的，提刑司可以受理，不算越诉。

宋慈将相关的内容拟成《约束榜》，张贴到各州县告示。

规范诉讼后，宋慈便开始到各州县巡历，集中解决各地州县监狱的乱象和积累的疑案。

才开始巡历，就发现了地方州县先前的积弊。

宋慈巡历的第一个县是宁都。还没进入县城，宁都县就已经送来过使钱、轻赍钱、递马卷食钱。这些钱是一笔不小的数目，是县里孝敬公干的长官或者路过官员的财物。

宋慈临近县城的时候，知县和属官竟然倾城而出迎接。

宋慈没想到地方官员不关心民瘼，却如此逢迎上级。虽然知县沿袭旧习，积重难返，大抵都是这样，但此风断然不可长。宋慈马上让人拟文行下：在提刑司巡历州县时，一切从简。

宋慈亲自到监狱察看，了解监狱中囚犯的衣食、卫生和病囚的救治。宋慈在死囚的监房中见到一位因情杀而被判死刑的囚徒。死囚所戴的枷与其他刑犯不同，律令规定，死囚的枷叶四道、枷重二十五斤。宋慈走进囚室中认真察看，目测此枷至少重三十斤，而且枷上也没秤子的姓名。那时，狱中刑具的制造者称为秤子，每个刑具都要写上秤子的姓名；即使不能书写姓名的，也要由吏员代写，再由秤子本人画押。刑具有严格的标准，要求做工细致，不能磨损犯人的皮肤。

原来，这位死囚爱了不该爱的人，那位爱人第二天要沉潭，于是，沉潭之前，他杀了她。而死囚正好是个秤子，他犯案前特意给自己做了一个刑具，让自己能饱受痛苦的肉体折磨，以痛苦来给自己赎罪。

虽然犯人自愿如此，但与律令相违背——不符合大宋律法的就不行。

> 秤子违式，杖六十；（狱囚）若故自伤残者，吏子、狱子、防守人各杖八十。

做刑具的人，如果没按规定的样式制作，责杖六十；狱囚如果在狱中自残的，吏员、狱卒、看守者全都责杖八十。不管是刑具有问题，还是犯人自残，都是违法的。

宋慈让狱卒为犯人换上普通刑具，训诫一番后才离开。

宋王朝的法律讲求“重民”，宋真宗曾特制《谨刑铭》：“民吾同胞，疾痛犹己。报虐以威，刑非得已……”如果把天下的百姓都看成是同胞，那么，百姓的痛苦就是自己的痛苦。对待酷虐之徒才动用威严的刑罚，那是不得已的啊！宋真宗将《谨刑铭》颁布到各州各县，希望州县慎刑爱民。狱囚也是人，没有理由让他受不公平的虐待，包括自虐。

假官戕害生灵案

江南西路的建昌军辖南城、南丰、新城、广昌四县，治所在南城。

宋慈进入建昌军后，随行的提刑司属员上街采买物品时，遇到了“假钱”——沙毛钱。

告身，是官员的任命书。官员的任命书还有一个副本，叫“录白”，像如今的复印件。副本是出于存档、存底的需要，由书铺另行抄录、誊录出来的。为了防止任命书被假冒，任命书和副本都要加盖书铺印章，有了书铺印章，追查就方便了。

调查发现，建昌军许多人都用沙毛钱，他们已经见怪不怪。

沙毛钱是一种私铸的铜钱，不法之徒将铜钱或者铜器毁坏、熔解，然后掺杂泥沙重新铸造成一种劣质的铜钱。沙毛钱的流通严重地扰乱了市场秩序。

宋慈决定彻查沙毛钱时，却在盱江的鼋潭边发现了三具尸体。

宋慈来到潭边，细细验看三具尸体。发现尸体两脚底起皱发白，头上的发髻没有散开，手指缝和鞋内都有泥沙，口鼻内有水沫并夹杂着一些淡色的血丝状泡沫……但其中两具尸体与另一具不同。其中两具两手拳握，双眼闭合，腹部膨胀；另一具两手的五指张开，双眼微开，腹部微胀。

宋慈陷入沉思，同时发现的三具尸体，都是溺亡，但很显然，溺亡的方式不同，死法不一样。根据尸检，两人是投水而亡，另一人是失足落水或者被赶打落水而亡。而且，宋慈看到那一具落水而亡的尸体背部有一棍棒击伤的瘀痕，颈脖也有一伤，显然是生前被人殴击所致。

三具尸体是一位渔人发现的。渔人一早起床打鱼，沿盱江行舟而下，到鼋潭，在浅滩看见一具尸体，掉转舟头时，在深水区又发现两具。浅水区的尸体头朝岸边，脚朝深水区。深水区就是鼋潭的深潭处，深潭之上，有一大石壁，石壁中有石穴，很少有人敢近前，石壁不远，原有万氏居处，但后来万氏搬走，如今只有废宅，人迹罕至。两位死者生前居然爬到石壁的洞穴中自杀？

宋慈心中充满疑问。

鼋潭可疑，石穴可疑，但人更可疑。商业行会的每行都有自己的特殊标志的衣服。如香铺的人顶帽披背子，掌管仓库的人裹巾穿皂衫。鼋潭边三具尸首，两具是金银铺户的打扮，一具是船夫的打扮。县尉杨子高也可疑，极想匆忙结案，慌张地张罗尸主来认领尸首，而且与金银铺户往来密切。

宋慈回到县衙，让主簿取来杨子高的履历和告身（告身是官员的任命书）。经过翻查，发现其履历含糊，告身字迹有些破损模糊。宋慈找来书铺户辨识，对照杨子高的任命书和书铺中取来的副本，终于发现一个大问题。杨子高的任命书是涂改过的。杨子高将别人的名字用揩洗书填的方法改成自己的了。

书铺的副本显示，杨子高是涂改了王举的录白，冒王举的官职，领王举的俸禄。

深入调查，由此又牵出一段案中案。原来很多年前，赣州的提刑司接到一份状纸，是陈姓人家状告一位叫杨子高的。当时蓝田镇有陈姓一族，与杨子高是至亲，可后来不知什么原因引起了财谷之争。于是，杨子高恶人先告状，在当时的孟马帅前谗言离间。孟马帅未追查清楚事由，就斩了陈姓人家父亲的首级，将陈姓财物一并转给了杨子高。于是陈氏大量印发怨歌，往四路散贴，并越诉到提刑司。奇怪的是，不久，告状之人不知所踪，杨子高也消失无踪。此案过去许久，便也就很少人提及了。

宋慈到江西任提刑的时候，翻看旧的案卷，曾见过此案。想不到旧案中的杨子高竟然涂改了王举的告身到南城县来当县尉了。

王举是王元吉的兄长，是纳粟得官的。王举纳粟得官后突然暴毙，王家心里非常郁闷，人也死了，粮也捐了，官也没了。为了得到官职，王家可是纳了3600石的粟啊！正在无可奈何之时，杨子高找上门来。杨子高愿意以粟1800石换王举的告身，而这1800石，正是蓝田陈姓一族的财产。于是杨子高摇身一变，成了县尉。

杨子高得势后和王元吉狼狈为奸，沆瀣一气，开始把持南城，干各种违法乱纪、伤天害理的勾当。

杨子高和王元吉将金银铺的铸工赶到鼋潭上的石壁洞穴中，让铸工剪钱取铜，重新熔化掺沙铸造新钱。如果铸工的铸造速度缓慢，他们就加以鞭笞。如果有铸工不听使唤，身为县尉的杨子高便寻个借口，将铸工投入监狱，甚至虐拷至死。关押邪恶歹徒的监狱成了杨子高残害良民的场所。近来湖南所需沙毛钱的数量极多，杨子高催促铸工赶工，两位铸工因做工缓慢，屡有误工，加之杨子高责罚太过，便投鼋潭而死。

王元吉以贩卖私盐起家。起初，王元吉还只是钻律法的空子，还有所顾忌，用黄鱼笼偷带些私盐。他知道律令的规定：“贩黄鱼笼挟盐不及二十斤，徒不及五人，不以甲兵自随者，止输算，勿捕。”律令的意思是，以黄鱼笼携带私盐不及20斤，跟随的人员不到5位，没有武装者跟随，那只要输纳税钱，就不用抓捕。王元吉和杨子高沆瀣一气后，王元吉就整船整船地走私私盐了。他领盐子往来潮州、惠州、循州、梅州，将盐运到南城，让杨子高强行摊派。盐是专卖的，杨子高强行摊派，百姓也不敢吭声。私盐的利润太高了，王元吉贪心不足，还不断催促舟子，只要舟子稍有缓慢，便大肆责罚。一天，王元吉拿棍棒责罚一位船夫。船夫受伤，因恐惧跳船，想游到岸上，却由于体力不支而溺亡。所以该船夫的尸首在浅水区，头朝岸的方向。

一切真相大白。

杨子高涂改王举的任命文书当上南城县尉，王举的弟弟王元吉与杨子高互相勾结为害乡里。杨子高指使金银铺铸工剪取铜钱掺入沙石重铸以牟利；王元吉贩运私盐以取财。金银铺铸工由于做工缓慢，被杨子高责罚而跳水身亡；同一天，私盐船上的船夫也因划舟缓慢而被责打，跳船后溺亡。

根据大宋律令，“诸诈为制书及增减者绞”，意思是伪造制书的人或者随意增减制书内容的人要被判绞刑。“以恐惧逼迫人致死者，以故斗杀论”，意思是通过威胁、攻击，让人害怕而死亡的，按故意杀人论处。“剪凿钱取铜，及卖买兴贩之者，十斤配五百里”，意思是剪取铜钱，并贩卖与之有关的，只要达到10斤，就发配500里。

此时，宋慈也到了离任的时间了，虽然有些细节还没审理清楚，但根据审理清楚的先行断案，以免他们以钱通神，再行为非作歹。

宋慈判决：

杨子高，且先决脊杖二十，刺配英德府（广东英德市）牢城；王元吉之犯绞刑，盖亦屡矣，且将王元吉决脊杖二十，配广南远恶州军。

檢驗總論

事莫重於人命罪莫大於死刑殺人者抵法固無恕施刑失當心則難安故成招定獄全憑屍傷檢驗爲眞傷眞招服一死一抵俾知法者畏法民鮮過犯保全生命必多倘檢驗不眞死者之寃未雪生者之寃又成因一命而殺兩命數命仇報相循慘何底止人命重獄關係匪小被傷之人未死以前全在官司據報即時親驗註明受傷在何要害之處立

律例館校正洗冤錄卷二

目錄

第九章

《洗冤集录》

宋慈深知“狱事莫重于大辟，大辟莫重于初情，初情莫重于检验”，于是广博参看刑狱书籍，加以校正，并结合多年断狱经验，撰写出一部《洗冤集录》，供同行的检验官吏参考，用于指导检验狱事，以期“洗冤泽物”。

《洗冤集录》问世

台湾著名法史学者徐道邻曾有“宋代多明法之君”之言，确实，宋朝的皇帝都十分了解法律条令，开国的太祖赵匡胤就十分关注刑狱，每年都会慎重地告诫官吏，要认真检视案狱，对于选任掌管狱案、监察的官员，都十分谨慎。宋太宗甚至说：“朕恨不能亲决四方冤狱。”一位皇帝，恨不得亲自判决平反冤狱，这是难能可贵的。淳化元年（990年），宋太宗在路级行政区设置提点刑狱司，管理地方狱案。许多地方刑狱官由于帝王的关注和提刑司的设置，也特别重视狱讼、关注司法、认真审判。五代

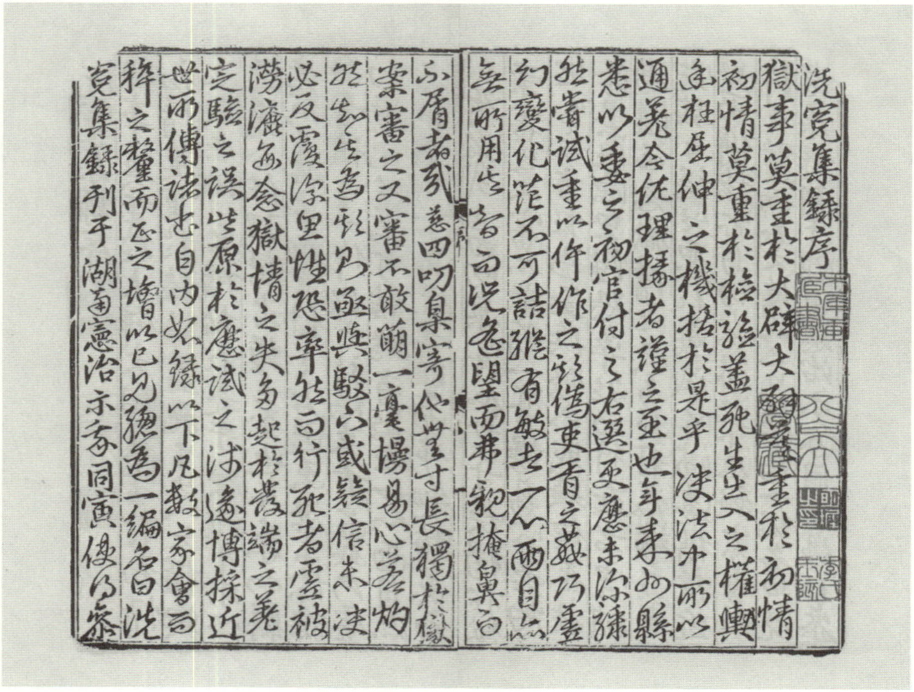

洗冤集錄序
獄事莫重於大辟大辟莫重於初情
初情莫重於檢驗蓋死生出入之權輿
幽枉屈伸之機括於是乎決法中所以
通著令佐理掾者謹之至也年來州縣
悉以委之初官付之右選更歷未深驟
然嘗試重以仵作之欺偽吏胥之奸巧虛
幻變化茫不可詰縱有敏者一心兩目亦
無所用其智而況遙望而弗親掩鼻而
不屑者哉慈四叨臬寄他無寸長獨於獄
案審之又審不敢萌一毫慢易心若灼
然知其為欺則亟與駁下或疑信未決
必反覆深思惟恐率然而行死者虛被
澇漉每念獄情之失多起於發端之差
定驗之誤皆原於歷試之淺遂博採近
世所傳諸書自內恕錄以下凡數家會而
粹之釐而正之增以己見總為一編名曰洗
冤集錄刊于湖南憲治示我同寅使得參

元刻本《洗冤集录序》

时期，便有和凝与和蒙父子将前代明敏断狱、平反冤屈的案例汇编成《疑狱集》；继而，北宋后期郑克著《折狱龟鉴》之书；后又有桂万荣的《棠阴比事》。宋慈作为路级的司法长官——提刑官，更是关注狱讼。淳祐七年（1247年），宋慈第四次担任提刑官的时候，根据多年刑狱经验，深知“狱事莫重于大辟，大辟莫重于初情，初情莫重于检验”，深感检验是整个案件的关键，于是广博参看先前的《折狱龟鉴》等刑狱书籍，加以校正，并结合多年断狱经验，撰写出《洗冤集录》。此书刊刻于湖南提刑司。宋慈的目的其实很简单，供同行的检验官吏参考，用于指导检验狱事，以期“洗冤泽物”。

《洗冤集录》全书5卷53目，约7万字。该书倾尽宋慈研究狱案的心血，是他从事司法审判的经验集成，也是世界上第一部系统的法医学著作。

《洗冤集录》自问世后，成为历代官府尸伤检验的圭臬。该书卷一包括条令、检覆总说、疑难杂说等；卷二到卷五分列各种尸伤的检验区别等项，这部分是该书的重点。

尸检

在《洗冤集录》中，验尸是极其严谨的。

验尸官到现场后，先要确定尸体东、西、南、北的四个方位，然后将尸体抬到明亮干净的地方。此时开始检验，但先不要使用汤水酒醋清洗尸体，而是进行干检（直接检验）。要仔细验看脑后、头顶，检验是否有火烧的钉子钉入头骨内（这种烧钉钉人，不会流血，也看不到伤痕）；更要切实认真检验眼睛、口齿、舌、鼻、大小便二处等孔窍，查看是否有异物。干检结束后，用温水冲洗尸体，用酒醋蘸纸搭盖在尸体的头部、面部、胸胁、两乳、脐腹、两肋之间，并用衣服覆盖好，浇上酒醋，用草席覆盖着，一个时辰（两小时）后再进行检验，如果有伤痕，就会显现出来。

这种先直接检验，再用温水擦拭用酒醋清洗的验尸法是惯例，但如果天气寒冷，尸体过于僵硬而不利于检验时，验尸官就要对尸体进行加热处理。

在“验尸”条目下，宋慈特别举了个例子：曾经有两个人斗殴，纠缠中，有一人倒地身亡。两人打架的事实分明，也有见证人。验尸的时候，却查不到尸体的伤痕。到底是被殴打致死还是死者本身就有病呢？验尸官非常困惑。当时正是寒冬，检验官想到一个办法，让人挖掘一个二尺多深的坑，坑的长短和尸体差不多。用柴火加热土坑，加热到一定程度，再把尸体放到坑内，用衣物覆盖着。良久，尸体温暖了，便将尸体抬出坑，再用酒醋泼在尸体上，用纸敷贴，致命的伤痕就显现出来了。最后确定死者是被殴打致死。

用火去温热尸体，使尸体变软，易于检验。然而，湖南一带的验尸，却不分天气，加热过度。湖南一带适得其反的做法反而不利于检验，甚至无法检验。《洗冤集录》中，宋慈对湖南的这种验尸也有描述。

湖南的风俗，检验尸体的时候，会在尸体旁边挖开一个很深的土坑，用火去烧红土坑。移去火炭后，将尸体放到坑内，泼上糟、醋。又在土坑的四面用火逼烘，很久之后才抬出尸体检验。验尸的时候，行凶人如果对伤痕有争议，或者死者的亲属不认可，验尸官就再次把尸体抬进火坑重新逼烘，再次验尸，以至有三四次抬进火坑逼烘后重验的。一具尸体经过三四次的火烤，肉色焦赤，伤损就不清楚了；更有甚者，仵作和吏役乘此机会徇私舞弊。案情无法了断的时候，死者家属必然上诉；等到上级派来官员，尸体因为先前经过多次的烘烤，皮肉都完全溃烂只剩下骨架了，肉体上的伤痕便不得而知。宋慈提醒湖南的提刑官一定要了解湖南独有的“火坑验尸法”，及时介入复检。

当尸体完全腐烂只剩骨架时，验尸官只能验骨了。

宋慈总结了晴天和阴天验骨的不同方法。晴天用红伞验骨法，阴天用煮骨验伤法。

宋朝的官吏很早就根据民间的经验开始用红油伞验尸。北宋年间，太常博士李处厚担任庐州慎县县令时，曾有人被殴打致死。李处厚前往验伤，用了泼糟醋和擦洗等方法，都没有查出受伤的痕迹。有一位县里的老文书对李处厚说：“这其实并不难判定，在正午的阳光下用一把新的红油伞罩住尸体，再往尸体上浇些水，伤痕就会显现出来。”李处厚照他的话去做，果然发现了伤痕。后来，江淮一带诉讼验尸时往往会用红油伞。

《洗冤集录》中，宋慈验看难以察觉的骨伤时，也用此法。

晴朗的日子验骨时，先用清水将尸骨清洗干净，再用麻绳将身体各部的骸骨依次穿好，盛放在草席上。掘开一个地窖，用柴炭烧烤地窖，以烧红为标准；除去火炭，将好酒、酸醋泼到地窖里面。趁着热气将席上的尸骨放入坑内，以草垫盖好。在窖内蒸骨一两个时辰后，等地窖变冷即取去草垫，抬出尸骨向平坦明亮的地方，用红油伞罩住尸骨进行验看。如果骨头曾被击打，就会有红色纹路微微显现；如果骨头曾经折裂，裂痕的接续处两头都会有血晕色；再以有痕的骨对着日光看，如果红活，便可以肯定是生前被打；如果骨上没有血印的踪迹，只是损折，那是死后痕迹。这种验骨的方法必须天气晴明才行，如果阴雨天就不好用了。

一直阴雨的日子，不得已的时候，就用煮骨法。要用到一口瓮，就像用锅煮东西一样。在瓮中倒入醋，多放些盐、白梅，混着骨头一起煮。等煮到千百滚后取出，用水洗了，对着光亮的方向照看，有伤痕即可见到。血都浸集在骨损的地方，显现赤色或青黑色。

宋慈的方法与现代科学相吻合。蒸骨用到酒和醋，酒是消毒，醋是对尸骨清洁，而红色油纸伞就是一个滤光器，与现代用紫外线照射一样，是运用光学原理进行尸检。

慎验

检验过程就是还原真相的过程，还需要验尸官细致地观察，缜密地思考，才能查出真凶，还原案情。《洗冤集录》中也记载了许多案例，那些验尸官以审慎的态度、智慧的判断，查出真凶，维护法律的公平与正义。

有位验尸官检验一具路旁的尸体，起初怀疑是被强盗杀的。可是检点现场的时候，发现财物没有遗失，只是全身有十多处镰刀砍伤的痕迹。验尸官说："强盗要杀人只为取财，现在财物在而伤痕多，不是仇杀是什么？"于是叫左右退下，传唤死者的妻子前来，问道："你丈夫平日跟什么人冤仇最深？"妻子回答说："我丈夫向来与人没有冤仇。只是近日有某甲前来借钱，我丈夫要他在限定的日期还钱，他做不到，便没有借到钱。这样的事，说不上是冤仇深的。"验尸官默记下了某甲的住处，并差人分头告示某甲住地附近的居民："各家所有镰刀尽数拿出来，立即交纳验看，如有隐藏，必是杀人贼，将予追究查办！"不一会儿，居民送来了镰刀七八十把。镰刀被陈列在地上。当时正值盛暑天气，其中一把镰刀，苍蝇飞来，集中其上。验尸官指着这把镰刀问是谁的，有一人出来承当，原来就是那个借债的人。检验官指着镰刀对他说：“众人的镰刀上都没有苍蝇。现在你杀人留下的血腥气仍在，所以苍蝇集聚。你还想抵赖吗？”左右围观的人都为之叹服，那个杀人者只好叩头承认了自己的罪行。

有一个乡民，让自己的外甥跟邻人的儿子携带锄头一起去开山种粟。但他们过了两天都还没回来。于是这个乡民就前往探看，才发现两个人都已经死在山上。于是报告到官府。验尸官到达地头，看到一尸在小茅屋外面，后脖颈骨被砍断，头部和面部各有刀刃伤痕；一尸在茅屋里面，左项下、右脑后各有刀刃伤痕。对于屋外的那具尸首，众人说是先被杀伤而死的；屋内的那具，众人说是自杀而死的。官府也以为两尸各有伤痕，又无财物相争，是互相殴击而死。一位验尸官却看出疑端，他说：“屋内尸上的右脑后的刀痕很可疑，哪有自己拿刀从脑后自杀的呢？”后来没隔几天，就捕获到了怀仇并杀害两人的凶手。记载了案件后，宋慈也感叹地说：“如果不是验尸官仔细，那两个人的冤仇就难以雪洗了！大凡互相殴击，所有伤痕都无疑才可以检验定案。贵在精细专心，不可疏忽差错啊！”

从前有深水中淹死的人，经过很长时间才被发现，只剩髑髅和骸骨，不能判定是自杀还是他杀。上级督责好几位验尸官，只有一位官员出来承担验尸任务。验尸官来后当即进行就地验骨。先检验一遍，发现并没有什么伤害痕迹。于是取来髑髅加以洗净，用干净的水瓶斟水细细从脑门穴灌入，发现有细泥沙屑从鼻窍中流出，由此判定是生前溺水而死的。这是因为生前溺水而亡，就会因鼻孔吸气而吸入泥沙，死后入水的便没有。

救治

身为提刑官，面对各种狱案，经历许多检验，在面对生命垂危甚至假死的伤者时，懂得一些救治濒死者的药方是非常必要的。《洗冤集录》中辑录了许多的救治药方，还单列一个“救死方”的条目。

在救治危急的伤者时，《洗冤集录》常常提到皂角、葱白、半夏等。

有一种梦魇者看起来是不省人事，好像死了一样。宋慈的“救死方”中，这种人可以用皂角救。梦魇的人不能用灯照，不能对他大声叫唤，否则梦魇者会丧命。救活他们的其中一种办法是用皂角粉吹到梦魇者的鼻孔里，他打喷嚏后就可以救活了，这种方法对梦魇三四天而不省人事的人也有良效。

宋慈用皂角救梦魇者是有道理的，现代医学表明：皂角有抗菌作用，对大肠杆菌、宋内痢疾杆菌、变形杆菌、伤寒杆菌、副伤寒杆菌、绿脓杆菌、霍乱弧菌等革兰阴性肠内致病菌都有抑制作用；皂角的气味辛辣，嗅到它的粉末会打喷嚏，有小毒，能救治猝然昏迷、口噤不开等症。

《洗冤集录》中提到的“五绝”是指难产、惊吓、缢吊、梦魇、溺水等危急病症。宋慈认为，“五绝”和跌堕、杀伤、卒中而死的人，只要伤者心头温暖，虽隔一天，还能救治。先将伤者盘屈在地上，像僧人打坐，再让人抓住伤者的头发往后拉，取生半夏的粉末用竹筒或纸筒、笔管吹在伤者的鼻孔里，可能会救活伤者。

半夏是一味好药，但生的半夏有毒。半夏入口后有强烈的麻舌和刺激感。所以古人将半夏的毒性归纳为“戟人咽”。正因为半夏有强烈的刺激感，所以宋慈的“救死方”中用它来救治那些濒死者，让他们受到刺激后苏醒过来。

一旦用了生半夏救人，救活后，宋慈就会用到姜。宋慈的原话是：“以生姜自然汁灌之。”因为，姜可以解生半夏的毒。

生姜解半夏毒也有故事。北宋时，广州府通判杨立之咽喉生疮红肿、溃破流脓，所有医生都束手无策。名医杨吉老仔细观察后说：“这病很特殊，要吃生姜一斤。”杨立之抱着试试看的想法，先吃了几片，感觉姜的味道甘甜而香，再吃更觉香甜。吃了半斤时，咽喉疼痛渐渐消失；吃完一斤，才开始感到姜味辛辣。此时咽喉中已无脓血，饮用米粥也通畅无碍。杨立之向杨吉老询问是何原因。杨吉老解释说：“你经常吃鹧鸪，而鹧鸪好吃半夏，因此你中的是鹧鸪体内半夏之毒。生姜专解半夏毒，只有用生姜治疗才对症。你所中的毒已被清除，不用再吃别的药了。”

《洗冤集录》不仅是法医检验之书，还有着丰富的物理、化学、中医、生物、律令等知识，有待研究者去细细研究。

宋慈法医鼻祖

第十章

宋慈断案例证

作为中国古代司法检验的权威著作，作为中国古代集法医勘察检验之大成的著作，《洗冤集录》树立起了标志当时世界法医学最高水平的丰碑，它跨出国门，传播到东南亚和欧洲国家，成为东南亚和欧洲法医学飞速发展的一块基石。

八百年前的宋慈断案，科学技术不够发达，检验设备不够先进，然而，宋慈以实证的精神，细致的检验态度，综合前人的记载和自己的经验，最大限度地还原事实，揭示真相。

鼠莽草案

广南西路提刑司设在静江府，府治就是如今广西的桂林市。淳祐六年（1246年），宋慈来到广西，在广西，宋慈断了一些奇怪的案件。

一次，宋慈巡历到柳州雒容县的黄鹿村，黄鹿村的道路边一位青年男子倒地身亡。

身亡男子何三三是农户何大二的儿子。

宋慈上前验尸，从脚跟到发际，何三三并无致命伤，只是腹肚肿胀，显现出青黑色；而嘴唇和指甲又不显现青黑色；将银针探入咽喉，银针也变成青黑色，显然是中毒而亡。

何大二喊冤说是毛五二下毒，原因是毛五二怕何三三抢了她家的媳妇。

宋慈到何三三家中验看，在何三三的枕下，发现了几株野草。

为何把野草藏在枕头下？宋慈拿起已蔫萎的野草，身为提刑官的他，很快认出这种野草来。草的叶片像茶，开着小红花，一花一叶——分明是鼠莽草。鼠莽草又名胡蔓草，也叫断肠草。

宋慈大吃一惊，剧毒啊！

宋慈分别讯问何大二和毛五二。

何大二供述，何三三喜欢上了毛五二家的童养媳兰姑，昨晚何三三早早吃过晚饭，说去看看雨漏山竹笋，没想到却去了毛五二家，被毛五二下毒杀害。

毛五二则供述说，昨夜，因为雨漏山竹林的竹笋已长出地面，怕野兽来糟蹋，他便打算在竹林过夜，但他在山中捉了一只鹿，便带了回来，从山地回村头的家时，月光中，见夜合树下站着一人，却是何三三。他心下一楞，但也没说话就进家门了。正要进家门，兰姑却也慌忙往外跑，两人差点撞个满怀，见是毛五二后，兰姑就低头回房了。

宋慈带人到毛五二家察看。宋慈问兰姑昨夜是否有见到何三三。兰姑供述："何三三说昨夜见我最后一面，可是我正往外走时，却遇见阿爹，所以没见到。"

宋慈也见到了毛五二的儿子阿毛。阿毛得了些痴症，呆呆的样子。原来毛五二家三代单传，所以养了个童养媳。

宋慈离开毛五二家时，听到那得了痴症的阿毛惊叫起来，原来兰姑服毒了，也是吞服鼠莽草。

宋慈忙用抱卵蛋和麻油细细研磨，灌兰姑服下，不多时，兰姑完全吐出了胃肠中的恶物，宋慈再用煎好的蕹菜仔水给兰姑服下，兰姑渐渐转醒。

解救了兰姑后，何三三的九窍开始流血，身上起小疱，眼睛耸出。

真相已经解开。

鼠莽草的毒，空腹服毒和饭后服毒并不相同：空腹服毒，腹肚便显出青黑色，而且肿胀，可是嘴唇和指甲却不会变成青黑色；如果是饭后服毒，却反过来，嘴唇和指甲变成青黑色而腹肚不变色。

由此推断，何三三是空腹服毒，何大二说何三三吃了晚饭外出有说谎的嫌疑。何三三九窍开始流血的时候是酉时初刻（下午砒霜、野葛（即鼠莽草）毒，得一伏时，遍身发小疱，作青黑色，眼睛耸出，舌上生小刺疱绽出，口唇破裂，两耳胀大，腹肚膨胀，粪门胀绽，十指甲青黑。

鼠莽草毒，江南有之。亦类中虫，加之唇裂，齿龈青黑色。此毒经一宿一日，方见九窍有血出。

广南人小有争怒，赖人，自服胡蔓草，一名断肠草，形如阿魏，叶长尖，条蔓生，服三叶以上即死。干者，或收藏经久，作末食亦死。如方食未久，将大粪汁灌之，可解。其草近人则叶动。将嫩叶心浸水，涓滴入口即百窍溃血。其法：急取抱卵不生鸡儿，细研和麻油，开口灌之，乃尽吐出恶物而苏，如少迟，无可救者。

——《洗冤集录》

5点），也就是说，何三三昨天正是此时服毒的，因为，鼠莽草的毒，得一伏时（24小时）才会九窍出血。

也由此推断，昨天毛五二在山上看笋，夜里才归，不可能下毒。

宋慈还必须解决一个问题：既然何三三酉时服毒，那为什么毛五二夜里回来的时候仍然在夜合树下看到何三三？

原来，鼠莽草的毒有个奇怪的特性：如果用急水吞咽，就死得快；如果用缓水吞咽，就死得慢。宋慈在家乡的时候，就听说过一种恶民的讹诈。有人先吃了鼠莽草，然后就去找仇家，和仇家格斗，故意被对方击打，因为吃了鼠莽草必死，死者的亲人就由此而诬告对方。昨天何三三已决定殉情，他知道兰姑是童养媳，两人无法在一起，但他想见兰姑一面，所以先以缓水服毒，然后一直等兰姑。兰姑最终因为撞见毛五二而没有出来见何三三。何三三在失望归来的途中毒发身亡。

自缢案

柳州州城东面的寂照庵的旧庵已倾颓，残垣断壁，少有人至，视线又多被旧墙所阻挡，旧梁上悬着一具尸首竟长时间无人发现，等到有人告知官府，宋慈一行与柳州县尉、仵作到现场，只见尸体头吊在绳上，尸身半着地，肤肉已溃烂见骨。两位仵作

（验坏烂尸）若避臭秽，不亲临，往往误事。

尸首变动，臭不可近，当烧苍术、皂角辟之，用麻油涂鼻，或作纸撼子揾油塞两鼻孔，仍以生姜小块置口内。遇检，切用猛闭口，恐秽气冲入。量扎四至讫，用水冲去蛆虫、秽污，皮肉干净方可验。未须用糟、醋。频令新汲水浇尸首四面。

尸首坏烂，被打或刃伤处痕损皮肉作赤色，深重作青黑色，贴骨不坏，虫不能食。

尸首日久坏烂，头吊在上，尸侧在地，肉溃见骨，但验所吊头。其绳若入槽，及验两手腕骨、头脑骨皆赤色者是（一云齿赤色，及十指尖骨赤色者是）。

或在屋下自缢，先看所缢处楣梁、枋桁之类，尘土滚乱至多，方是。如只有一路无尘，不是自缢。

——《洗冤集录》

面面相觑，不知如何验尸，尸肉恶臭，来围观的本就不多，兵士也就躲得远远的。柳州县张县尉和仵作们都认为如此烂尸无需检验了。

宋慈让人焚烧苍术、皂角。草烟味渐渐压制了臭味。他决定亲自验尸，因为他秉持的原则是：不论检验、复验，都要专心一意，不可回避秽臭，如果死者是他杀，不认真亲临检验，往往会误事。他把这种原则写进了《洗冤集录》。

宋慈让人打来许多清水，连续用水浇淋尸体。然后将生姜含入口中，空心纸沾了香油塞进鼻孔。一切准备妥当后，他咬咬牙，猛闭住口，不让秽气冲入，然后走向尸首开始验尸。

尸体因被清水浇淋而只剩下沾连着些肉的骨架。宋慈一面验看一面喝报，让人记录下来：无赤色皮肉，无青黑色皮肉。这意味着此人生前没有受到过攻击，没受重伤，没有刀伤，否则，贴近骨头的伤处的皮肉会呈赤色，重伤则呈青黑色，不会坏烂，虫也不食。

宋慈又用手按捏尸首全身上下，又喝报：并不见骨损处。不见骨折，意味着无骨伤。

无重伤、无刀伤、无骨伤，自杀的可能性增加，但还不能肯定。

宋慈验看绳索与尸首，又喝报：活套头，脚着地，绳索绕过两耳连颔下深深勒向骨颈；牙齿呈赤色，头脑骨赤色（注：现代法医学称这种赤色牙齿为窒息性玫瑰齿，而颅骨板障含血量过多则引起头脑骨赤色）。

牙齿、头脑骨呈赤色，是自杀无疑。

宋慈仍未罢休，找来梯子爬到梁上，又喝报：横梁处的尘土有多处滚乱的痕迹。

这是自缢挣命的痕迹。

验尸现场，一位近三十岁的汉子，根据衣物鞋袜，认得是自己的父亲。原来，死者的儿子不孝，他与儿子吵了一架，负气而走，想不到便到这荒僻处寻死了。

棒击案

到了象州的治所阳寿县，宋慈写了榜文，张贴在街角各处，让百姓有冤就前来申冤。一天，县东温汤泉发现一具尸首，却引出一桩疑案。

陈二五状告黄大谋害他兄长陈二三，讯问了黄大后，黄大承认是自己杀了陈二三，但尸首未找到，一直未能结案。昨日，在温汤泉下游发现了尸首，肉已烂尽，只留骸骨，不能够辨认，所以无法确定尸首是否就是陈二三的。

宋慈一行便直往县东去验尸。温汤泉在阳寿县东二十里，洞出武单里洞心的石穴，河水很热，可以煮熟食物，所以称为“汤”。

阳寿县县尉已先行抵达，尸骨与陈二五说的相似：身材不高，微有龟胸。

但不能肯定龟胸矮个就是陈二三。

宋慈讯问黄大，黄大供述说：“那日，我和陈二三收得生意一法，浓磨好墨涂骨上，候干，即洗去墨，若有损处，则墨必浸入，不损，则墨不浸。

又法，用新绵于骨上拂拭，遇损处，必牵惹绵丝起。折者，其色在骨断处两头，又看折处，其骨芒刺向里或外，殴打折者，芒刺在里，在外者非。

昔有深池中溺死人，经久，事属大家因仇事发。体究官见皮肉尽无，唯髑髅、骸骨尚在，累委官不肯验。上司督责至数人，独一官员承当。即行就地检骨，先点检见得其他并无痕迹。乃取髑髅净洗，将净（热）汤瓶细细斟汤，灌从脑门穴入，看有无细泥沙屑自鼻窍中出，以此定是与不是生前溺水身死。盖生前落水，则因鼻息取气，吸入沙土，死后则无。

——《洗冤集录》

的利钱回返途中，突然下起雨来，四处无人，我们疾走赶路，我走在陈二三身后，到得一处临河的崖壁边，我用木棒猛击陈二三的腿，陈二三便倏然跪下，我一把扯下陈二三的褡裢，再往河里一推，他没挣扎多久就沉下去了。”

宋慈将散乱的骸骨自髑髅、肩井臆骨、臂、腕、手骨一并标记摆好。

确实个子矮小，胸骨突出。

然后，宋慈取来髑髅，拿出事先准备好的干净水瓶，从温汤泉中舀了一瓶水，然后细细地从脑门穴灌入髑髅，髑髅下垫着白色的布片，一股细流缓缓地从鼻窍中流出，再看白色布片上，分明积了些细泥沙屑。

确实是生前溺亡，因为如果死者生前溺水而亡，就会因鼻孔吸气而吸入泥沙。

陈二三的右腿被木棒所击，有可能骨裂或者骨折，至少有损伤，宋慈要对腓骨进行细致地查验。

要验骨折，可以蒸骨，并用红油伞来验骨。此次，宋慈对这在水中浸泡的尸骨用了其他方法。

宋慈拿了新绵来，在右腓骨上拂拭，好一会，并不见绵丝牵起。又取来浓墨，将墨涂在骨上，等了好长一段时间，墨干透了，宋慈将腓骨拿到温汤泉中洗净，腓骨中有墨浸入，有一条隐约的痕迹。

伤痕位置与黄大所说一致。确实是被人用棍棒击伤右腿后推入水中溺亡。案情明了。

诈伤案

郁林的东边是容州。宋慈巡历到容州的北流县。北流县有一条圭水流过，志书说北流城外水中有石块突起在水面上，莹然秀美，很像玉制的礼器——圭，所以当地百姓将河流称为圭水。圭水岸边，有一个渡口，立着一块石碑，写着“蟾蜍渡”三个字。渡船不在渡口，漂往下游几十米外，那里，一群人正围聚着。

宋慈走过去察看。一群人见官人模样到来，迅速让开，宋慈上前，只见一位艄公模样的中年瘦弱汉子倒在地上，看他的手与散乱的衣服，有被殴打的痕迹。

宋慈伸手去探，鼻息平稳，没死，是一时昏厥。然后掀起汉子背上衣服，赫然有几处伤痕。

宋慈询问围观者，他们说，伤者是艄公李五。有人先前听到嚷嚷，说李五偷了富户王圭家的荔枝后还想逃跑。然后，王圭家的奴仆王二就打了李五。

朗朗乾坤，竟无王法了。

王圭也来了，指着李五说他诈死，并说李五偷了他家的荔枝，还打了他家奴仆，如今李五害怕了，就诈死。

宋慈掀起李五的衣服验看。

李五所伤，都在身后。后脊、肩上有扣压抓扯的伤痕，有四个红点和四条撕扯的伤痕。可见，他背朝行凶的人。

李五的背上三处外物击打伤，都是重拳撞打的。中间一处伤最重，颜色暗紫，表皮微微肿胀；靠腰处次重，颜色紫赤，表皮微微肿胀；靠肩处较轻，为青色。袭击他的人想从身后抓住他，李五力乏脚步放缓时，行凶者用拳猛击李五脊背，重伤处是李五仆倒时再狠命挥拳击打所致，轻伤则是由于距离较远，两人都在跑，力度较轻。

王圭却说，李五偷了他家荔枝，在河的中流停渡吃荔枝，被他家的奴仆王二责问，想不到李五动起手来，王二气不过，便动了手，两人互殴，王二也受伤，正在涂敷伤药。

宋慈让人煎来藜芦散。藜芦散这种药性寒，味苦辛，有毒，可以治痰涎壅闭、喉痹等症，也可以当催吐剂用。

宋慈扶起李五后，李五渐渐清醒了。宋慈让他喝了些藜芦散。李五开始呕吐，但呕吐物中未见荔枝。结果很明显，是王圭诬陷。

宋慈又马上准备象胆煎。根据跌打药方的使用经验，伤腰的人用杜仲饮，伤后胁的人用象胆煎。李五急需象胆煎疗伤。

李五的情况稳定后，宋慈又到王圭家验看王二受伤的情况。

王二俯卧在床，不断呻吟。宋慈掀开王二的衣服，果然，背上有棍棒伤，而且伤痕累累。宋慈觉得奇怪，李五的伤在背部，如果李五回头攻击王二，那王二的伤应该在腹部，怎么也会背部受伤呢？

宋慈再仔细验看王二的伤痕，伤痕靠里面呈深黑色，到了四边渐渐呈现出青赤色，散成一条痕迹。宋慈再用手按了按伤痕，伤痕不虚肿，无硬块。

宋慈见过许多伤痕造假的刁民。王二就是这样的刁民。

宋慈寻找附近的榉树，有棵榉树的树枝有刚被砍斫的痕迹。宋慈又在王二家不远处发现了几条树皮，正是榉树的树皮。

诸用他物及头额、拳手、脚足、坚硬之物撞打痕损颜色，其至重者紫黯微肿，次重者紫赤微肿，又其次紫赤色，又其次青色，其出限外痕损者，其色微青。

南方之民，每有小小争竞，便自尽其命，而谋赖人者多矣。先以榉树皮罨成痕损，死后如他物所伤。何以验之？但看其痕里面须深墨色，四边青赤，散成一痕，而无虚肿者，即是生前以榉树皮罨成也。盖人生即血脉流行，与榉相扶而成痕；若以手按着，痕损处虚肿，即非榉皮所罨也）若死后以榉皮罨者，即苦无散远青赤色，只微有黑色。而按之不紧硬者，其痕为死后罨之也。盖人死后血脉不行，致榉不能施其效。

——《洗冤集录》

继续调查王圭的情况，案件的真相浮出水面。

王圭是富户，却为富不仁，残害百姓。王圭占了北流县最好的荔枝园——马头园，这年端午前后，正值圭水遇洪而涨，李五先渡了女人和小孩过河，王圭和王二从荔枝园回来却没有能够先上船。当时，王二就想动手打李五，由此一直怀恨在心。案发这日午时，圭水边没人，王二恰好要过河看荔枝，李五稍迟了些，于是，王二就寻了借口殴打李五，李五转身逃跑，被王二抓住暴打。李五并没偷吃荔枝，偷吃荔枝只是王二的一个借口。

王二身上的伤痕是假伤，是榉树皮烫熨而成的，正是宋慈在王二家不远处找到的树皮。

榉树的树皮，气味辛，大热，有毒，如果把榉树的皮放在皮肤上，再用火微微地烤熨，在热的作用下，榉树皮会在皮肤上映出青赤色，很像棒伤。王二正是用榉树制造出假伤。

根据大宋律法，斗殴折伤人徒一年，无故殴人至废疾则流放。

王圭垄断马头园，指使王二欺压百姓，霸占市场，目无纲纪，国法难容。

宋慈判决：

> 王圭决脊杖二十，配一千里。王二决脊杖十五，编管五百里。

同时，殴打致伤的，保辜（责任担保期，担心因内伤多日后致死）期限为十日。宋朝律法规定：“诸保辜者，手足殴伤人限十日。”

宋慈又判：

> 伤背虽然未死，但五脏皆系于背，恐多日后因伤而亡，十日之内，若李五身亡，罪加一等。

第十一章

结　语

宋慈为官，从主簿干起，而后是知县、通判、知州、提刑、经略安抚使。他以人为本，宽厚爱民，为民请命，深得百姓尊重；他为官清廉，鞠躬尽瘁，死而后已；他不畏强暴，勇于伸张正义；他是最忠实地实践朱熹的“格物致知”的士人，也正由于格物致知，他才撰出了《洗冤集录》，获得了法医鼻祖的称号。

宋慈是不幸的，他少年时是建阳文化史上的酷烈时期，以朱熹为首的一批士大夫处在被政治强势的凌辱之下——他们坚持的理学成了伪学，他们成了逆党。宋慈更是幸运的，他少年时是建阳文化史上辉煌的时代。朱熹晚年到建阳建书院的时候，宋慈6岁，此后，宋慈与朱熹有9年的交集。宋慈有幸跟着朱熹最优秀的学生吴稚、黄榦、杨方、蔡渊、蔡沉、李方子等学习。

作为朱熹的再传弟子，宋慈身上闪耀着“格物致知”的理学传统。当然，宋慈也有家族的传承，他的先祖宋咸被誉为“闽中一流”。宋慈的朋友不多，但每一位都有他这种优秀士大夫的情怀。陈韡，曾官拜参知政事兼同知枢密院事，类似于副宰相兼国防部部长，勇武干练；李华，当时最有战斗力的淮西军的将领；刘克庄，江湖派最有代表性的诗人；李昴英，广东科举史上的第一位探花。宋慈和他们或者出生入死，或者救济苍生。

宋慈以人为本，宽厚爱民，为民请命，深得百姓尊重。任常州知州时，行济粜法，救助百姓，赈灾有方，常州的百姓自发地要为他建生祠。任职长汀时，他请求朝廷改变盐区，又带着百姓开辟河道，使百姓吃上价低质好的食盐。

宋慈有勇气，有谋略，敢作为。汀州兵乱，面对“挟刃而入”的兵卒，他“雍容如常”，以一己之力，平定兵乱，“众无敢哗”。任职广东，面对如乱麻的积案，他及时纠错追责，并立下条约，以八个月的时间为限，全面解决广东积案，几乎每天处理一个积案。

宋慈有大格局，心怀天下。他任湖南提刑时，有谣传说鬼国进攻南丹州。宋慈曾考察边境，胸中自有天下，他冷静地说：“鬼国不可能飞越大理国、特磨道而直接进攻南丹州。”事后证明，宋慈的判断是准确的。

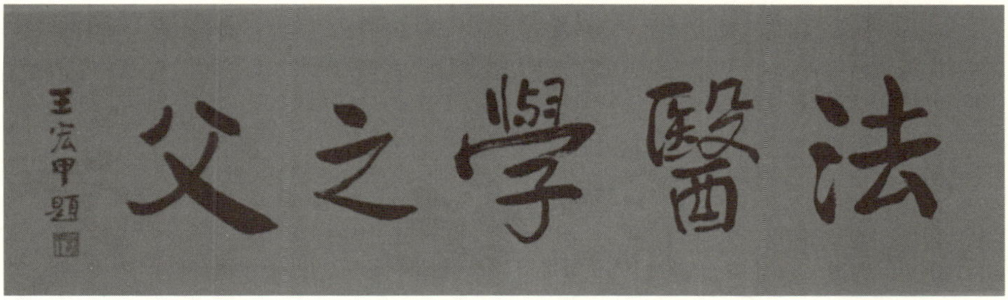

中国作家协会报告文学委员会副主任王宏甲为宋慈文博馆题的字

宋慈为官清廉，鞠躬尽瘁，死而后已。他经常诵读诸葛亮的话：“治世以大德，不以小惠。”他“家无钗泽，厩无驵骏”，吃的是鱼汤拌的饭，穿的是乱麻絮的袍，一生萧条。晚年，宋慈任广州知州，身患疾病，却仍然坚持主持学宫的释菜礼，最终积劳成疾，终于任上。

宋慈不畏强暴，勇于伸张正义。面对“蓄养无赖爪牙，夸张声势，凌压善民，流毒一方”的黑恶势力，面对“逞威倚势，暴于虎狼，伤人害物，毒于蛇虺”的不法之徒，宋慈绝不姑息，将他们绳之以法，脊杖流配，还天下清明。

宋慈生平，不算太复杂，从主簿干起，然后是知县、通判、知州、提刑、经略安抚使。最后担任的广东经略安抚使是广东军政长官。他担任提刑官七年，辗转四路，断狱无数，威加于奸盗，恩施于百姓，有士人风骨，是循吏典范。“属部官吏，以至穷闾委巷、深山、幽谷之民，咸若有一宋提刑之临其前”。对于刑狱，宋慈慎之又慎，他综合之前判狱的书簿，又结合自己丰富的检验经验，著述了《洗冤集录》。《洗冤集录》是中国第一部法医学专著，宋理宗下令颁行全国后，成了刑狱官吏的“案头必备”，在我国古代司法实践中发挥了重要作用。作为中国古代司法检验的权威著作，作为中国古代集法医勘察检验之大成的著作，《洗冤集录》树立起了标志当时世界法医学最高水平的丰碑，它跨出国门，传播到东南亚和欧洲国家，成为东南亚和欧洲法医学飞速发展的一块基石，宋慈也被誉为“法医学之父”。

宋慈虽然不被列为理学门人，但他是最忠实地实践朱熹的“格物致知”的士人。也正由于格物致知，他才撰出了《洗冤集录》，获得了法医鼻祖的称号。如果宋慈这一类士大夫多一些，那么，朱子学也许就会有一支走上自然科学的坦途，中国的自然科学将有长足的发展。而弘扬宋慈恤刑慎狱、公正轻刑的法制精神，在依法治国的今天，对于“不断推进科学立法、严格执法、公正司法、全民守法进程”和不断推动法治文化建设都具有重要的积极的意义。

《世界法医学奠基人——宋慈》纪念邮票

2016年4月13日，《世界法医学奠基人——宋慈》纪念邮票发行，1套2枚，内容分别为宋慈像和著书立说。

后　记

福建，山海枨拥，人杰地灵，人文荟萃，英才辈出，产生了许多伟大的思想家、文学家、教育家、科学家和民族英雄、爱国先驱、革命将士、时代楷模。他们的教育成长、道德品行和思想文章，是福建的宝贵精神财富，教育和激励着一代代福建人努力学习、奋勇前行。福建省社会科学界联合会组织编写的“福建历史文化名人丛书”，以福建历史名人为题材，古今结合，意在从高处着眼、从基础着手，普及人文社会科学知识，促进人文道德养成，使社会科学知识走进大众、走进生活、走进现实，让更多的人了解福建历史名人，弘扬优秀传统文化，增强福建文化影响力和感染力，为建设文化强省添砖加瓦。

“福建历史文化名人丛书”（第二辑）所包含的李贽、宋慈、郑樵、柳永、黄榦、蔡襄、辜鸿铭、林觉民、沈葆桢、陈宝琛10个人物故事，记录了福建文化之于中国历史的影响，同时也以人物史的叙述方式生动地展现出中国人文精神的风骨和传统文化的传承。人物篇以人物生平为线索，在故事中体现传主的学问、事功、道德，凸显他们在中华文明进程中的重要作用，深入挖掘和阐发其内在精神，从而激起读者爱国爱乡的强烈情感，使之成为涵养社会主义核心价值观的重要源泉。

这套丛书以广大群众为读者对象，尤其是各年龄段的学生群体以及受过中等教育的读者，他们对这些历史名人的认知，大多来源于历史课本、乡土教材、文化景点和博物馆，很难形成具体、深入、系统的认识。丛书深入浅出，雅俗共赏，通过一个个生动精彩的故事带领读者走进福建历史，走入人文社会科学的知识殿堂，融故事性、知识性、趣味性、可读性于一体，对提升大众的阅读水平，普及社会科学知识、提高人文社会科学文化素养和思想道德素质有着积极的作用。

福建省社科联党组书记、副主席冯潮华对编撰出版工作提出明确要求，给予大力支持。省社科联党组成员、副主席缪建萍亲自指导本书的策划和编写。省社科联从事社科普及工作的缪旭明、杨文飞、林彤、李培銷等具体组织实施本丛书的编撰出版工作。

刘小新、林国平、刘传标等专家学者对丛书写作大纲和书稿进行了认真审读，并提出了许多很好的意见和建议，在此表示感谢！

由于编撰出版时间紧，经验和水平有限，疏漏在所难免，敬请广大读者批评指正。

编委会

2017年2月